VEGAN
DAILY

SURDHAM GÖB

VEGAN DAILY

Vegane Küche für jeden Tag

Fotografiert von Oliver Brachat

AT Verlag

© 2014
AT Verlag, Aarau und München
Assistenz: Philip Dahlmann, Steffi Neff, Bettina Ebert
Icons: Nina Himmer, München
Lektorat Rezepte: Regina Rautenberg, Nützen
Grafische Gestaltung und Satz: AT Verlag, Aarau
Bildaufbereitung: Vogt-Schild Druck, Derendingen
Druck und Bindearbeiten: Andersen Nexö, Leipzig
Printed in Germany

ISBN 978-3-03800-821-7

www.at-verlag.ch

INHALT

◐ Längere Wartezeit (Einweichen, Quellen, Ziehenlassen usw.) über Nacht bzw. Vorbereitung am Vortag.

◷ Kurze Koch- und Zubereitungszeit von 5 bis 20 Minuten; zusätzliche Wartezeiten durch Abkühlzeit im Kühlschrank können hinzukommen.

◑ Mittlere Koch- und Zubereitungszeit von 20 bis 35 Minuten; zusätzliche Wartezeiten können hinzukommen (siehe oben).

◕ Etwas längere Koch- und Zubereitungszeit von 35 bis 50 Minuten; zusätzliche Wartezeiten können hinzukommen (siehe oben).

⏺ Aufwendigere Rezepte mit einer Koch- und Zubereitungszeit von 1 Stunde und mehr.

🍃 Das Rezept kann voll nach Rohkostrichtlinien zubereitet werden, also ohne Erhitzen über 42 Grad Celsius. Zutaten wie Agavendicksaft, Cashewkerne u. a. können je nach Produkt bei der Herstellung auch höheren Temperaturen ausgesetzt gewesen sein.

 Glutenfrei

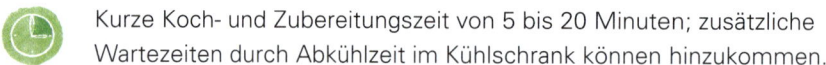 Zuckerfrei

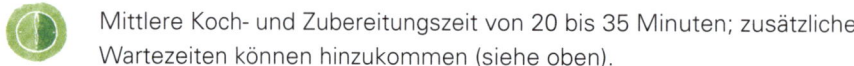 Sojafrei

🌷 Nussfrei

Alle verwendeten Zutaten stammen aus biologischem Anbau.

VORWORT

Mit meinen ersten beiden Büchern wollte ich zeigen, dass eine vegane Ernährung keineswegs Verzicht bedeuten muss, sondern vielmehr eine große Palette an interessanten Zutaten bietet. Sie sollen Inspirationen geben, die Kreativität anregen, auch exotische Speisen vorstellen, die ich auf meinen Reisen und während meiner Lehr- und Wanderjahre kennenlernen durfte. Alle meine Erfahrungen, die ich mir in einer nun schon sehr langen Auseinandersetzung mit diesem Thema, in der Bewirtung in Restaurants und Retreats erworben habe, sind in meine Bücher eingeflossen.

Das vorliegende Buch möchte euch nun vor Augen führen, wie man sich täglich selbst aus frischen Zutaten eine schmackhafte vegane Küche zubereiten kann, und dies auch und insbesondere in einem hektischen und intensiven Alltag mit wenig Zeit zum Einkaufen und Kochen. Es ist ein Buch für alle, die nicht allzu viel Zeit haben und für die alles ganz praktisch sein muss. Vegane Alltagsküche »at it's best«!

Dabei spielen Ordnung und Struktur eine wichtige Rolle. In einer Zeit, in der Individualität großgeschrieben wird, mag der eine oder andere dies wohl zunächst als Einschränkung empfinden. Doch, richtig verstanden, vermittelt eine Struktur eine große Kraft, eröffnet Freiräume und erlaubt, die Individualität auf eher noch schönere Weise zu entfalten. Es muss gar kein Aufwand betrieben werden, um individuell zu erscheinen. Es ist wie mit dem Ablauf eines Meditations-Retreats: Alles ist hier eingeteilt und ritualisiert – der Schlaf, die Essenszeiten, oft auch die Menge des Essens, wo man was zu tun hat. Auf diese Weise trägt einen die Struktur durch den ganzen Tag, und diese (scheinbare) Rigidität birgt eine ungeheure Freiheit in sich, da dadurch die Gedanken und Gefühle absolut frei sind.

Wie ist dieses Buch zu verwenden? Die Rezepte dieses Buches sind zu drei exemplarischen Wochenplänen für Frühjahr, Sommer und Winter, mit jeweils Frühstück, Mittag- und Abendessen, zusammengestellt (aufgrund des Produkteangebots ist der Herbst teilweise vom Sommerkapitel, teilweise vom Winterkapitel abgedeckt). Die Wochenpläne sind so konzipiert, dass sie jeweils über den ganzen Tag eine ausgewogene Ernährung ergeben, dass die Gerichte gut zusammenpassen und sich auch Vorbereitungen für die folgenden Tage einfach unterbringen lassen. Solange man sich unsicher fühlt, halte man sich am besten an die Rezepte und die vorgegebene Ordnung und probiere sie erst einmal aus. Sobald man etwas Routine entwickelt und verstanden hat, wie es funktioniert, kann man anfangen zu variieren, zu experimentieren, umzustellen und seiner Fantasie und seinem Geschmack Freiräume lassen – auf diese Weise bleibt die Küche stets lebendig.

Dieses Buch will es euch möglichst einfach machen, eine ausgeglichene und frohe vegane Esskultur zu entwickeln.

Surdham

KOCHT ZUSAMMEN

Ich liebe es, in der Küche zu sein, für mich ist sie ein Spielplatz, ein Hobbyraum, ein Raum, in dem man »Dreck« machen und sich austoben kann, in dem die Späne fliegen dürfen, wo es dampft und blubbert und auf fast magische Art die vielfältigsten Gerüche und Farben zum Vorschein kommen. Das ist in jedem Haushalt überall auf der Welt, egal welcher Art und wie groß, möglich. Wichtig ist allein, dass man seinen Spaß dabei hat.

Der Spaß geht meist dort verloren, wo man immer für sich allein kochen muss: allein einkaufen, allein kochen, allein abspülen. Kommt hinzu, dass man dann oft auch noch viel zu viel wegschmeißen muss, weil die handelsüblichen Verpackungseinheiten einfach zu groß sind. Oder man fühlt sich mit der Küche allein gelassen, da keiner im Haushalt Interesse hat, am Prozess der Nahrungszubereitung und allem, was damit zusammenhängt, teilzunehmen. Die einfache Lösung: »Get together! Do it together!«

Die einfache, klare Struktur dieses Buches mit dem Wochen- und Tagesplan erleichtert es, sich aufzuteilen. Oder man folgt der alten WG-Regel: Der eine kocht, der andere spült ab und räumt auf, und dann wird wieder getauscht. Kurz: Kommt zusammen, macht eine Party draus!

Mit etwas Übung ist in den meisten Fällen wirklich im Nu ein leckeres Essen fertig. Und wenn man mal keine Zeit oder keine Lust hat, Bohnen einzuweichen und sie dann eine Stunde lang zu kochen, kann man natürlich auch Bohnen aus der Dose nehmen. Keine Zeit zum Brotbacken? Dann geht man eben zum Bäcker und kauft sich ein gutes, vollwertiges Brot. Keine frischen Kräuter im Haus oder auf dem Balkon? Dann tun's auch getrocknete Gewürze.

Mit diesem Buch möchte ich möglichst viele Anregungen geben und zeigen, wie man so weit wie möglich alles selbst frisch zubereiten kann – das bildet die Grundlage, Abkürzungen kann man immer nehmen. So kann jede und jeder seine vegane Küche so gestalten, wie man es gerne möchte.

EIN WORT ZU ZWIEBEL UND KNOBLAUCH

Aufmerksamen Leserinnen und Lesern meiner Bücher ist sicher schon aufgefallen, dass ich in meinen Rezepten weder Zwiebeln noch Knoblauch, Schnittlauch oder Lauch verwende. Warum? In der internationalen Küche sind Zwiebel und oft auch Knoblauch die Standard-Basisgewürze, mit denen die allermeisten Zubereitungen beginnen. Und dies, ohne es zu hinterfragen, ohne zu beobachten, was im Körper und im Geist passiert.

Für mich geht es hier in allererster Linie um die kulinarische Wirkung: Zwiebel und Knoblauch sind mir zu scharf, zu intensiv, sie übertünchen oft den Grundgeschmack der Speisen. Dazu verändern sie schnell ihren Geschmack; frisch gegessen, ist Knoblauch gut, doch schon am nächsten Tag schmeckt er sehr streng. Und ist er etwas älter, bleibt der Geschmack lange im Mund und ist nach einigen Stunden immer noch da. Nach dem Essen von Zwiebeln ist zudem das Verlangen nach Süßem viel größer. Auch die körperlichen Ausdünstungen können durch Zwiebel- und Knoblauchgenuss unangenehm sein. Und stillende Mütter wissen von den Auswirkungen des Zwiebel- und Knoblauchgenusses ein Lied zu singen und verzichten aus Liebe zu ihren Babys gerne darauf.

Der Verzicht auf Zwiebel und Knoblauch ergibt einen leichteren, weicheren Geschmack im Mund; das Aroma von Kräutern und Gemüse bleibt im Mund und verschwindet wieder, ohne aufzustoßen.

Obwohl karamellisierte Zwiebeln, gebackener Knoblauch, im Reis mitgekochte halbe Gemüsezwiebeln oder frischer, mit Salz verriebener Knoblauch zweifellos leckere Geschmacksverstärker sind, schätze ich doch die Vorteile und das Reinheitsgefühl durch den Verzicht auf sie höher ein. Und Geschmack lässt sich auch auf andere Art ganz einfach in das Essen bekommen; man muss nur die Produkte für sich sprechen und ihre wunderbaren Qualitäten und Aromen ausspielen lassen.

DIE WOCHENPLÄNE

FRÜHLING

	Montag	Dienstag	Mittwoch	Donnerstag	Freitag	Samstag	Sonntag
Frühstück	Reisbrei mit Obstsalat	Apfel-Zimt-Porridge mit Mandelsplittern	Schoko-crunchy mit Bananen, Blaubeeren und Cashewmilch	Green Smoothie	Quinoa mit Rosinen, Maulbeeren, Joghurt und frischem Obst	Karotten-Sauerteigbrot mit Pfeffermichel und gegrilltem Gemüse	Schoko-croissants oder Pain au Chocolat
Vorbereiten		Cashews einweichen und Zucchini dörren für Zucchini-Cashew-Suppe; Reis kochen für Semmelknödel	Sauerteig anrühren (1)	Sauerteig anrühren (2)	Kartoffel-Linsen-Teig für Mittagessen kochen; Sauerteig anrühren (3)	Strudelteig und Paprikasauce zubereiten	Brötchenteig für Semmeln vorbereiten; Selleriescheiben blanchieren
Mittag	Seitanröllchen mit Zucchinisalat	Zucchini-Cashew-Suppe	Gebackene Risottobällchen mit buntem Salat und Erdbeerdressing	Rote-Bete-Kokos-Suppe	Kartoffelpaddies mit Sambal und Avocado-Tomaten-Salat	Gemüsestrudel mit sämiger Paprikasauce	Sellerieschnitzel-Semmel mit Rucolasalat
Vorbereiten							Lupinenschrot für Abendessen einweichen
Abend	Risotto milanese mit Zucchini-Paprika-Gemüse und Chicorée	Mangoldrouladen mit Semmelknödeln, Bratensauce und Brokkoli	Spaghetti mit Champignonpesto, Buschbohnen und Tomatensalat	Blumenkohl-Zitronen-Gemüse mit Korianderreis und Gurkensalat	Rosmarin-Ofenkartoffeln mit Kräuterquark und Auberginen-Tomaten-Salat	Tofugulasch mit Polenta und Spinatsalat	Lupinen-Bratlinge mit Polenta e soni, Zucchini und Tomaten
Vorbereiten	Mandeln einweichen für Porridge	Cashews einweichen für Cashewmilch; Risottoreis kochen und auskühlen lassen		Sojajoghurt und Seidentofu für Kräuterquark mischen, abtropfen lassen	Sauerteigbrot formen, über Nacht gehen lassen	Vorteig für Pain au chocolat machen; Polenta und Kartoffeln für Sonntagabend kochen, auskühlen lassen	

SOMMER

	Montag	Dienstag	Mittwoch	Donnerstag	Freitag	Samstag	Sonntag
Frühstück	Bananen-Shake mit Chocolate Chips	Mango-Blutorangen-Salat mit Amarant-Pops	Erdbeer-Cashew-Shake	Seitan mit gebratenen Pilzen im Walnuss-brötchen	Kokos-Chia-Pudding mit Beerenmix	Green Smoothie	Nusszopf mit Erdbeer-Vanille-Kompott; Roggen-sauerteigbrot mit Tahin und getrockneten Tomaten
Vorbereiten	Kirsch-tomaten für Mittagessen trocknen				Teig für Gomasio-brötchen anrühren		
Mittag	Kokos-Spinat-Suppe mit Tomaten-Koriander-Salat	Glücksrollen mit Sweet & Sour Sauce	Blätterteig-taschen mit Kartoffel-Erbsen-Füllung	Zucchini-Cremesuppe	Veganer Feta und gebratene Pfirsiche im Gomasio-Brötchen	Paprika-Sellerie-Suppe	Artischocken mit Kräuter-vinaigrette; Dreierlei Bruschetta
Vorbereiten		Tofu für Freitag-mittag marinieren	Kartoffeln für Abend-essen vor-kochen und schälen	Reis für Abendessen vorkochen		Pizzateig und Kartoffeln für Abend-essen vor-bereiten	
Abend	Patate Anna mit Estragon-Tomaten, Kohlrabi-blättern und roten Linsen	Pistazien-Goji-Reis mit gebratenem Tofu und Ingwer-karotten	Tofu Caccia-tore mit Bratkartoffeln und grünem Spargel	Nasi Goreng mit Oran-gen-Tofu und Kohlrabi-Apfel-Salat	Gebratene Spaghetti mit Tomaten-sauce und Fenchel-Tomaten-Salat	Pizza mit Kartoffel-Käse und Spinat-Himbeer-Salat	Austernpilze und Rote-Bete-Erd-beer-Salat mit Zucker-schoten und süßem Reis
Vorbereiten		Cashews für Cashew-Shake ein-weichen	Brotteig für Walnuss brötchen vorbereiten	Chiasamen für Frühstück einweichen; Sauerteig anrühren (1)	Sauerteig anrühren (2)	Hefeteig für Zopf anrühren; Sauerteigbrot in Backform geben	

WINTER

	Montag	Dienstag	Mittwoch	Donnerstag	Freitag	Samstag	Sonntag
Frühstück	Dinkel-Bananen-Porridge mit Pekannüssen	Vanille-Blaubeer-Joghurt mit gerösteten Kokosflocken	Baguettebrötchen mit Rote-Bete-Aufstrich und Kräuterseitlingen	Reispäckchen mit Kokosflocken und Bananen	Breakfast Burrito mit Bohnen, Spitzkohl und Tomaten	Reis-Idli mit Tomaten-Vanille-Sauce und gebratenem Kürbis	Blueberry Pancakes mit Cashewcreme
Vorbereiten				Rote Bohnen einweichen; Reis und Linsen für Idli einweichen			
Mittag	Kartoffel-Kerbel-Suppe	Grünkernbratlinge mit Dinkelsauerteigbrötchen, Champignonaufstrich und rotem Kopfsalat	Toskanische Tomatencremesuppe mit Croûtons, Basilikum und Sahneschaum	Feigen mit Balsamico, Schwarzwurzel-Grapefruit-Salat und Pfannenbrot	Kürbissuppe mit weißem Miso und Buchweizenbrötchen	Puy-Linsen mit Sellerieschaum, Mangold und Karotten	Gerstengraupensuppe mit Räuchertofu und Vinschgauer
Vorbereiten			Kartoffeln und Rote Bete für Abendessen vorkochen			Cashews für Cashewcreme einweichen	
Abend	Seitan mit Auberginen, Schwarzwurzeln, Grünkohlgemüse und Quinoa	Blumenkohl und gelbe Linsen mit Zitronen-Mango-Reis	Kartoffelknödel mit Bratensauce und Rote Bete-Salat	Basmatireis Kaschmir Art mit Rosen-Tofu und Stangenbohnen	Couscous-Salat mit Rotwein-Tofu, Zucchini und Mango	Tofu-Teriyaki mit Kokos-Süßkartoffelbrei	Panierter Tempeh mit Bohnen, Tomaten-Auberginen-Gemüse und Kokosreis
Vorbereiten	Teig für Dinkelsauerteigbrötchen anrühren; Grünkernschrot einweichen	Sonnenblumenkerne einweichen; Baguettebrötchenteig anrühren	Reis vorkochen für Frühstück	Rote Bohnen 2 Stunden gar kochen und im Wasser lassen; Buchweizenbrötchenteig anrühren; Reis und Linsen für Idli abgießen und mit Wasser mixen	Sellerieschaum für Samstagmittag vorbereiten und kalt stellen	Cashewcreme fertigstellen; Teig für Vinschgauer anrühren und ruhen lassen; Gerstengraupen einweichen	

FRÜHLING

REISBREI

MIT OBSTSALAT, GERÖSTETEM SESAM UND DATTELN

Für 4 Personen

180 g Jasminreis
800 ml Wasser
2 Bananen
2 Äpfel
1 Birne
2 Pflaumen
Saft von ½ Zitrone
2 Orangen
10 Datteln
4 EL weißer Sesam

»Congee«, wie er in China heißt, begleitet mich seit fast fünfzehn Jahren zum Frühstück. Zu Beginn kochte ich noch eine Zwei-Stunden-Version dieses Reisbreis. Wenn man die Zeit dazu hat, lohnt es sich, den Brei so lange kochen zu lassen, der Geschmack wird durch die lange Kochzeit nur besser. Die salzige Variante mit gedämpftem Gemüse, gebratenem Tofu und Miso ist zum Frühstück vielleicht etwas gewöhnungsbedürftig, ist aber wirklich ideal, wenn man mal deftig, gesund, stärkend und doch leicht verdaulich frühstücken möchte. Give it a try!

Den Reis waschen, abgießen und mit dem Wasser in einen Topf geben. Zugedeckt aufkochen, dann die Hitze reduzieren und den Reis 30 Minuten ohne Rühren köcheln lassen.
Die Bananen schälen. Äpfel und Birne schälen, vierteln, entkernen. Die Pflaumen waschen, halbieren und entsteinen. Das Obst in kleine Würfel schneiden und mischen. Den Zitronensaft dazupressen. Die Orangen mit einem Messer bis auf das Fruchtfleisch abschälen, halbieren, entkernen und ebenfalls in Würfel schneiden. Die Datteln entsteinen und in Scheiben schneiden. Beides dazugeben.
Den Sesam in einer Pfanne rösten, bis die Kerne zu knacken beginnen. Aus der Pfanne nehmen und beiseitestellen.
Zum Servieren den Reisbrei in eine Schüssel oder in Schälchen verteilen. Den Obstsalat dazugeben und mit Sesam garnieren.

SEITANRÖLLCHEN

MIT ZUCCHINISALAT

Für 6 Stück

Seitanröllchen:
2 Karotten
¼ Sellerieknolle
200 g Veggie Gyros (Viana)
1 Paket (300 g) tiefgefrorener
veganer Blätterteig (Moin)
4 EL Sojamilch Natur

Zucchinisalat:
3 kleine Zucchini
½ Bund glatte Petersilie
1 Zweig Thymian
Saft von ½ Zitrone
4 EL Olivenöl
Meersalz

Ein super Essen zum Mitnehmen, um nicht auf Snacks unterwegs angewiesen zu sein, bei denen man nie so genau weiß, was drin ist. Locker, leicht und doch sättigend. Ganz einfach in einem Papierbeutel oder in einer kleinen Dose transportierbar.

Seitanröllchen Den Backofen auf 200 Grad vorheizen. Karotten und Sellerie schälen, in dünne Streifen schneiden und mit dem Veggy Gyros gut vermengen. Im vorgeheizten Ofen 12 Minuten garen. Auskühlen lassen.
Die tiefgekühlten Blätterteigscheiben auf Backpapier ausbreiten. Die nur noch lauwarme Füllung längs auf den Blätterteigscheiben verteilen und zu Röllchen einwickeln. Die Nahtseite mit Sojamilch bepinseln und die Röllchen mit der Nahtseite nach unten auf ein mit Backpapier belegtes Blech legen. Im Ofen bei 200 Grad 12 Minuten goldbraun backen.

Zucchinisalat Die Zucchini putzen, waschen und auf einer feinen Reibe raspeln. Die Kräuter waschen, die Blättchen abzupfen und fein hacken. Die Kräuter mit Zitronensaft, Olivenöl und Salz unter die geriebenen Zucchini heben.

Tipp: Wer mehr Zeit hat, kann den Blätterteig natürlich auch selbst herstellen (siehe Rezept Seite 56, Pain au chocolat). Füllen und backen wie oben beschrieben.

RISOTTO MILANESE

MIT ZUCCHINI-PAPRIKA-GEMÜSE UND CHICORÉE

Für 4 Personen

Risotto:
1 Pastinake
6 Topinambur
500 ml Wasser
50 ml Weißwein
3 EL pflanzliche Margarine (Alsan)
200 g Risottoreis
0,1 g Safranfäden
4 EL Hefeflocken
Meersalz

Zucchini-Paprika-Gemüse:
2 rote Paprika
2–3 Zucchini
100 g getrocknete griechische Oliven
(Thrumba)
1 Bund glatte Petersilie
Saft von 1 Zitrone
Olivenöl
Meersalz

Blanchierter Chicorée:
3 Chicorée
4 EL weißer Balsamicoessig
2 EL Olivenöl
schwarzer Pfeffer aus der Mühle,
Meersalz

Beim Kochen sollte man nicht vergessen, dass das Gargut noch Resthitze gespeichert hat, wenn man es von der Herdplatte oder aus dem Ofen genommen hat. Dies ist mit einzurechnen, damit das Gemüse knackig bleibt und Farbe sowie Geschmack nicht verloren gehen. Dies kommt auch bei diesem Paprika-Zucchini-Gemüse zur Anwendung.

Risotto Pastinake und Topinambur gut waschen, schälen und in 1 mm kleine Würfel schneiden. Die Gemüseschalen im heißen, dampfenden Wasser 5 Minuten ziehen lassen. Durch ein Sieb gießen und den Weisswein zugeben.
Die Margarine schmelzen, die Gemüsewürfel und den Reis zufügen und bei mittlerer Hitze unter ständigem Rühren anbraten, bis der Reis am Boden anklebt. Mit Gemüsebrühe kellenweise ablöschen und einkochen lassen. Ist der Reis fast al dente, Safran und Hefeflocken zugeben, dann erst die letzte Portion Gemüsebrühe. Nochmals mit Salz abschmecken und heiß servieren.

Zucchini-Paprika-Gemüse Den Backofen auf höchster Stufe vorheizen. Die Paprika halbieren, entkernen, waschen und in 1 cm breite Streifen schneiden. Auf ein Backblech legen und trocken ohne Öl oder Salz 8 Minuten backen. Die Zucchini in 4 mm dicke Scheiben schneiden, zu den Paprika geben und weitere 5 Minuten backen. Nachdem man das Gemüse aus dem Ofen genommen hat, gart es durch die Resthitze noch nach.
Die Oliven entsteinen. Die Petersilienblättchen in feine Streifen schneiden. Alles mit dem Zitronensaft zum gebackenen Gemüse geben, locker mischen und mit Olivenöl und Salz abschmecken.

Blanchierter Chicorée Den Chicorée waschen und am Wurzelansatz kreuzweise 3 cm tief einschneiden. In kochendem Salzwasser 3 Minuten garen. Abtropfen lassen und mit Balsamico, Olivenöl, Pfeffer und Salz würzen.

APFEL-ZIMT-PORRIDGE

MIT MANDELSPLITTERN

Für 4 Personen

Mandelmilch:
100 g ganze Mandeln
400 ml Wasser

Porridge:
100 g Haferflocken
800 ml Wasser
50 g getrocknete Apfelringe
1 Zimtstange
1 Vanillestange, ausgekratztes Mark
2 Äpfel (z. B. Jonagored)
Saft von ½ Zitrone
50 ml Reissirup
50 g ganze Mandeln, grob zerstoßen
Zimtpulver zum Bestreuen

Den Tag mit einem Porridge zu beginnen, ist perfekt. Er liefert die optimale Energie für den Tag. Porridge gibt es überall auf der Welt, egal ob in Asien, Afrika, Europa oder Amerika. Er hat es in die internationalen Küchen geschafft und bietet viel mehr als ein »Continental Breakfast«. Zärtlicher als ein Müsli, sanfter als ein Shake.

Mandelmilch Die Mandeln über Nacht in reichlich Wasser einweichen. Am folgenden Tag die Mandeln abgießen, abtropfen lassen und in den Mixer geben. Die 400 ml Wasser zugießen und sehr fein pürieren (bei Verwendung eines normalen Haushaltsmixers das Püree durch ein Haarsieb abtropfen lassen, bei einem Hochgeschwindigkeitsmixer kann man die Mandelmilch direkt benutzen).

Porridge Die Haferflocken in einem Topf leicht anrösten. Das Wasser zugießen, aufkochen und die Hitze reduzieren. Die Apfelringe grob hacken und zusammen mit der Zimtstange und dem Mark der Vanilleschote zugeben, immer wieder umrühren, damit nichts anklebt. Sobald der Porridge eingekocht und recht dickflüssig ist, die Hälfte der Mandelmilch zugießen und vom Herd nehmen.
Die Äpfel waschen, vierteln, entkernen und in Spalten oder Würfel schneiden. In einer Schüssel mit Zitronensaft und Reissirup mischen. Den Brei in einer Schüssel anrichten. Die restliche Mandelmilch dazugießen, die Äpfel und die zerstoßenen Mandeln darauf verteilen. Mit etwas Zimt bestreuen.

ZUCCHINI-CASHEW-SUPPE

Für 4 Personen

150 g Cashewkerne
3 Zucchini
1 Stück Ingwer (ca. 20 g)
500 ml Kokoswasser
(von grünen Kokosnüssen)
250 ml Wasser
2 EL Tahin (Sesampaste)
Saft von 1 Zitrone
1 Bund glatte Petersilie
Meersalz
2 Zweige Estragon

Diese Suppe kann an sehr heißen Tagen auch kalt serviert werden. Doch leichter für das Verdauungssystem ist sie bei Zimmertemperatur genossen. Das Schöne bei rohen Suppen ist, wie schnell sie fertig sind. Ein paar einfache Handgriffe am Abend zuvor, und schon hat man am nächsten Tag etwas Besonderes zu essen.

Die Cashewkerne über Nacht in reichlich Wasser einweichen.
Die Zucchini putzen, waschen und in 1½ cm dicke Scheiben schneiden. Im Dörrgerät über Nacht oder im Backofen auf dem Rost bei kleinster Hitze 1 Stunde trocknen lassen (die Zucchini sollen dabei nicht die Farbe verlieren).
Die Cashewkerne abgießen und waschen. Den Ingwer schälen und hacken. Cashews, Zucchinischeiben, Kokoswasser, Wasser, Tahin, Zitronensaft und die gehackte Petersilie im Mixer zu einer feinen Suppe pürieren. Mit Meersalz abschmecken.
Den Estragon in die Suppe legen und erst kurz vor dem Servieren herausnehmen.

MANGOLDROULADEN

MIT SEMMELKNÖDELN, BRATENSAUCE UND BROKKOLI

Für 4 Personen

Semmelknödel:
75 g Thaibonnet-Reis
150 ml Wasser
2 EL Speisestärke
200 ml Reismilch
Meersalz
1 TL ganzer Kreuzkümmel
200 g altbackenes Baguette
60 g Semmelbrösel
4 EL Sonnenblumenöl

Helle Bratensauce:
1 Pastinake
1 Karotte
¼ Sellerieknolle
½ Fenchelknolle
4 EL Sonnenblumenöl
50 ml Weißwein
ca. 700 ml Wasser
Meersalz
4 Lorbeerblätter
1 Zweig Rosmarin
1 Zweig Thymian
4 EL Hefeflocken

**Mangoldrouladen
mit Tofu-Pilz-Füllung:**
8 große grüne Mangoldblätter
(ohne den weißen Stiel)
200 g braune Champignons
2 EL Olivenöl
Meersalz
200 g Tofu
½ Bund glatte Petersilie
1 Zweig Rosmarin
2 EL Hefeflocken (Naturata)

Blanchierter Brokkoli:
1 kleiner Brokkoli
Meersalz
1 Msp. Natron
3 EL Olivenöl

Es lohnt sich, gleich die doppelte Menge der Knödel zu machen.
Sie schmecken ausgekühlt in Scheiben geschnitten und am nächsten Tag
in der Pfanne gebraten fast noch besser.

Semmelknödel Den Reis waschen, abtropfen lassen und in 150 ml
Wasser 10 Minuten kochen. Vom Herd nehmen und quellen lassen.
Dann den Reis pürieren (es wird eine sehr feste Masse. Die Reismasse
und die Stärke in eine Schüssel geben. Die Reismilch mit Salz und
Kreuzkümmel würzen, zugeben und glatt rühren. Das Baguette in
1 cm große Würfel schneiden und zusammen mit den Semmelbröseln
hinzugeben. 10 Minuten ziehen lassen.
Einen großen Topf mit gesalzenem Wasser zum Kochen bringen. Aus der
Brotmasse kleine Knödel (8 cm Durchmesser) formen und ruhen lassen,
bis das Wasser kocht. Die Hitze auf Dreiviertel reduzieren, die Knödel vorsichtig hineinlegen und 10 Minuten ziehen lassen. Mit einer Schaumkelle
herausnehmen, in Öl wälzen und einige Minuten ausdampfen lassen.

Helle Bratensauce Das Gemüse schälen, putzen und in 2 cm große
Würfel schneiden. Das Gemüse im heißen Öl unter Rühren scharf
anbraten. Mit dem Weißwein ablöschen, mit Wasser bis 1 cm unter der
Gemüseoberfläche auffüllen und bei mittlerer Hitze etwa 10 Minuten
schmoren lassen. Dann das Gemüse fein pürieren, salzen, die Lorbeerblätter und Kräuterzweige in die Sauce legen, vom Herd nehmen und
5 Minuten ziehen lassen. Dann die Sauce durch ein feines Sieb passieren.
Mit Hefeflocken binden, abschmecken und noch einmal aufschlagen.

Mangoldrouladen mit Tofu-Pilz-Füllung Die Mangoldblätter 5 Sekunden
in kochendem Wasser blanchieren. Kalt abschrecken und abtropfen
lassen. Die Pilze putzen und in Scheiben schneiden. Den Tofu zerbröseln
und mit den Pilzen im heißen Olivenöl anbraten. Die Pilzmasse mit den
grob gehackten Kräutern und den Hefeflocken verrühren und salzen.
Die Mangoldblätter auf einem Brett auslegen. Auf das untere Drittel der
Blätter jeweils etwa 2 EL der noch warmen Füllung geben, die Seiten der
Blätter einschlagen und einrollen. Die Röllchen (Nahtseite nach unten),
falls gewünscht, mit einem Schuss Wasser in einer beschichteten Pfanne
zugedeckt nochmals einige Minuten erhitzen.

Blanchierter Brokkoli Den Brokkoli putzen und in Röschen teilen.
In kochendem Salzwasser mit Natron 4 Minuten garen. Kurz abschrecken
und abtropfen lassen. Mit Olivenöl und Meersalz abschmecken.

SCHOKOCRUNCHY

MIT BANANEN, BLAUBEEREN UND CASHEWMILCH

Für 4 Personen

Cashewmilch:
200 g Cashewkerne
700 ml Wasser

Schokocrunchy:
150 g Haferflocken
80 g Dinkelmehl (Type 630)
60 g Rohrohrzucker
40 g Kakaopulver
80 g gemahlene Mandeln
½ Päckchen Backpulver
125 g pflanzliche Margarine (Alsan)
80 g vorgegarte Maronen
100 g Zartbitterkuvertüre (Rapunzel)

Außerdem:
2 Bananen
200 g Blaubeeren
700 ml Wasser
40 g Kokosflocken

Um Zeit zu sparen, kann man die Cashewmilch durch Reismilch ersetzen. Cashewmilch kann man auch ohne vorheriges Einweichen der Nüsse herstellen. Allerdings sind eingeweichte Nüsse viel leichter verdaulich. Deshalb lohnt es sich, immer eine Portion Nüsse im Kühlschrank eingeweicht zu lagern. Dann aber nicht vergessen, das Wasser einmal täglich zu wechseln. So halten sich die Nüsse 3–4 Tage.

Cashewmilch Die Cashewkerne über Nacht in reichlich Wasser einweichen lassen. Am folgenden Tag die Nüsse abgießen, spülen, abtropfen lassen. Nüsse und Wasser in den Mixer geben und zu einer schaumigen Milch mixen (bei Verwendung eines normalen Haushaltsmixers das Püree durch ein Haarsieb abtropfen lassen, bei einem Hochgeschwindigkeitsmixer kann man die Mandelmilch direkt benutzen).

Schokocrunchy Den Backofen auf 180 Grad vorheizen. Haferflocken, Dinkelmehl, Zucker, Kakao, gemahlene Mandeln und Backpulver in eine Schüssel geben. Die Margarine in kleinen Stücken einarbeiten, bis ein krümeliger Teig entsteht. Maronen und Schokolade grob hacken und unterkneten. Den Teig krümelig auf einem mit Backpapier belegten Blech ausbreiten. Im Ofen 15 Minuten trocken backen. Dann herausnehmen und ausdampfen lassen.

Die Bananen schälen und in Scheiben schneiden. Die Blaubeeren waschen und abtropfen lassen.
Zum Servieren das Crunchy locker in eine Schüssel geben, das Obst dazulegen und mit Cashewmilch aufgießen. Mit Kokosflocken bestreuen.

GEBACKENE RISOTTOBÄLLCHEN

MIT BUNTEM SALAT UND ERDBEERDRESSING

Für 4 Personen

Risottobällchen:
300 g Risottoreis
2 EL Olivenöl
600 ml kochendes Wasser
100 g Tofu
3 EL Hefeflocken
Meersalz
2 Romatomaten
100 g Semmelbrösel
oder geriebene Mandeln
3 EL Olivenöl

Salat:
½ grüner Eichblattsalat
200 g Babyspinat
150 g Erdbeeren, 50 g davon
als Garnitur
Saft von ½ Zitrone
Saft von ½ Orange
2 EL Agavendicksaft
50 ml mildes Sonnenblumenöl
Meersalz
Pfeffer aus der Mühle
½ Bund Basilikum

In Sizilien kennt man die Arancini, frittierte, mit Mozzarella und Tomaten gefüllte Risottobällchen. Als ich als Elfjähriger mit meiner Familie auf der Durchreise auf der Insel war, habe ich mich mit diesen leckeren Bällchen vollgestopft und konnte von den kleinen runden Dingern kaum genug kriegen. Risottoreis klebt von allein schön zusammen, und man braucht nicht viel Zeit, um die Bällchen zu machen. Perfekt!

Risottobällchen Den Reis in heißem Olivenöl leicht anbraten, mit einer Tasse kochendem Wasser ablöschen. Unter ständigem Rühren nach und nach das restliche heiße Wasser zugeben und einkochen lassen. Ist das Wasser aufgebraucht und der Reis noch sehr al dente, den Risotto auf einem großen Teller ausbreiten und auskühlen lassen.
Den Tofu fein zerbröseln, mit den Hefeflocken mischen und salzen. Die Tomaten waschen, halbieren, vom Stielansatz befreien und in 1 cm große Würfel schneiden. Mit der Tofumischung locker vermengen.
Den Backofen auf 180 Grad vorheizen. Mit feuchten Händen ein Achtel des Risottos abnehmen, eine kleine Mulde hineindrücken und einen Esslöffel Füllung hineingeben. Verschließen, gut zusammendrücken und zu einem runden Bällchen drehen. In Semmelbröseln oder Mandeln wälzen und auf ein mit Backpapier belegtes Backblech setzen. Mit dem restlichen Risotto genauso verfahren. Die Bällchen mit dem Olivenöl beträufeln und im vorgeheizten Ofen 12 Minuten golden backen.

Salat Die Salatblätter und den Spinat gut waschen, grob zerzupfen und trocken schleudern.
Die Erdbeeren waschen und putzen. Den Zitrusfrüchtesaft mit Agavendicksaft, Öl, 100 g Erdbeeren, Salz und Pfeffer in einem hohen schmalen Gefäß glatt pürieren. Die Basilikumblätter abzupfen, in feine Streifen schneiden, die restlichen Erdbeeren klein schneiden und beides unter das Dressing ziehen. Den Salat damit beträufeln.

SPAGHETTI

MIT CHAMPIGNONPESTO, BUSCHBOHNEN UND TOMATENSALAT

Für 4 Personen

Champignonpesto:
400 g braune Champignons
100 ml Olivenöl
1 Bund glatte Petersilie
1 Zweig Rosmarin
100 g geriebene Mandeln
30 g Hefeflocken (Naturata)
Salz, Pfeffer aus der Mühle

Tomatensalat:
300 g Strauchtomaten
½ Bund Estragon
2 EL weißer Balsamicoessig
4 EL Olivenöl
Meersalz

Buschbohnen:
500 g Buschbohnen
Meersalz
1 Msp. Natron
Saft von ½ Zitrone
4 EL Olivenöl
½ Bund Bohnenkraut

Spaghetti:
320 g Spaghetti
Meersalz

Spaghetti sind meine Leibspeise, und die der Italiener bekanntlich auch. In einer Pizzeria in Italien habe ich sogar mal eine Pizza mit Spaghetti darauf gesehen …

Rotes und grünes Pesto kennt mittlerweile jeder, doch im Winter ist ein Pilzpesto etwas ganz Besonderes, schön grün und dunkel, voll im Geschmack und einfach passend zur Jahreszeit. Das Pesto kann am nächsten Tag auch gut als Brotaufstrich benutzt werden. Oder für eine zweite Portion Nudeln in den folgenden Tagen. Es lohnt sich also, ein bisschen mehr zu machen. Im Kühlschrank hält es sich, gut mit Öl abgedeckt, eine Woche.

Champignonpesto Die Pilze putzen und in Scheiben schneiden. Die Hälfte des Olivenöls in einer Edelstahlpfanne erhitzen und die Pilze anbraten, bis sie eine schöne Farbe bekommen haben.

Die Kräuter waschen, trocken schütteln und die Blätter grob schneiden. Mit dem restlichen Olivenöl in einem hohen Gefäß mit dem Pürierstab pürieren. Die Pilze samt verbliebenem Öl hineingeben und kurz pürieren. Es sollen noch Stückchen der Pilze im Pesto verbleiben. Mit Mandeln und Hefeflocken binden und mit Salz und Pfeffer abschmecken.

Tomatensalat Die Tomaten waschen, vom Stielansatz befreien und grob würfeln. Mit den Estragonblättern, Öl, Essig und Salz mischen und bis zum Servieren marinieren lassen.

Buschbohnen Die Bohnen putzen, waschen und in gesalzenem kochendem Wasser mit dem Natron etwa 8 Minuten kochen. Abgießen, in Eiswasser abschrecken und sofort abtropfen lassen, damit sie noch warm bleiben. Die Bohnen mit Zitronensaft, Olivenöl, grob geschnittenem Bohnenkraut und Salz abschmecken.

Spaghetti Gleichzeitig einen großen Topf mit Salzwasser zum Kochen bringen. Die Spaghetti in das kochende Wasser geben und je nach Sorte 7–11 Minuten al dente kochen. Abgießen und sofort in den Topf zurückgeben. Mit dem Pesto gut vermischen und auf vorgewärmten Tellern anrichten. Die Bohnen und den Tomatensalat dazu anrichten.

GREEN SMOOTHIE

Für 4 Gläser

500 g Spinat
2 Äpfel
1 Birne
1 kleine Ananas
1 kleines Stück Ingwer (20 g)
½ Aloe-Vera-Blatt
(oder 5 EL Aloe-Vera-Saft)
1 Bund glatte Petersilie (oder
gemischt mit Giersch, Pimpernelle
oder jungen Buchenblättern)
1 kleines Stück frische Kurkuma
(oder ¼ TL getrocknet)
Saft von 1 Zitrone
500 ml Wasser

Green Smoothies sind seit einigen Jahren der totale Hit. Ich finde sie auch toll. Da wir in den Städten von so viel Beton umgeben sind, ist alles Grüne, das man sich zuführen kann, wie ein kleiner Urlaub für die Sinne und den Geist. Da mittlerweile schon sehr viele Menschen einen Hochleistungsmixer haben, ist es ganz einfach, auch faseriges Gemüse so klein zu bekommen, dass man es genüsslich trinken und im Verdauungstrakt angeblich auch leichter aufspalten kann. Allgemein kann für Smoothies alles Grünzeug verwendet werden, in Anteilen, wie es einem beliebt.

Spinat, Obst und Würzzutaten waschen, putzen, schälen, entkernen. Die vorbereiteten Zutaten und das Wasser in zwei Portionen aufteilen und im Mixer fein pürieren. So wird der Smoothie schön cremig.

ROTE-BETE-KOKOSSUPPE

Für 4 Personen

650 ml Wasser
230 ml Kokosmilch
3 kleine Rote Beten (Randen; 350 g)
1 mehligkochende Kartoffel
½ Fenchelknolle
1 Stück frischer Ingwer (20 g)
Meersalz
Saft von ½ Zitrone
einige Zweiglein Brunnenkresse
als Garnitur

Eine superleicht zuzubereitende Suppe, die zudem auch noch schnell geht. Mit ihrem zarten Geschmack und ihrer herrlichen pink Farbe hellt schon ihr Anblick das Gemüt auf.

Das Wasser und 150 ml Kokosmilch in einem Topf zum Kochen bringen. Rote Beten und Kartoffel schälen und grob schneiden (dabei für die Beten am besten Wegwerfhandschuhe anziehen). Den Fenchel putzen, halbieren, vom Strunk befreien und grob schneiden. Den Ingwer schälen und fein hacken. Alle diese Zutaten in die kochende Flüssigkeit geben und 10 Minuten gar kochen. Den Topf von der Herdplatte nehmen. Mit dem Pürierstab etwa 5 Minuten durchmixen, bis eine sämige Suppe entstanden ist. Mit Salz und Zitronensaft abschmecken.
Die Suppe in Schalen füllen und zum Servieren vorsichtig esslöffelweise die restliche Kokosmilch daraufgeben. Beim Verrühren entsteht eine intensive pink Färbung. Mit abgezupften Brunnenkresseblättern garnieren.

BLUMENKOHL-ZITRONEN-GEMÜSE

MIT KORIANDERREIS UND GURKENSALAT

Für 4 Personen

Korianderreis:
250 g Jasminreis
400 ml Wasser
3 Stängel Zitronengras
40 g frischer Ingwer
2 EL Sesamöl
Meersalz
1 Bund frischer Koriander

Blumenkohl-Zitronen-Gemüse:
1 kleiner Blumenkohl
1 Zitrone
3 EL Olivenöl
½ Bund Thymian
Meersalz

Gurkensalat mit Sesam:
1 Gurke
1 EL weißer Sesam
1 EL schwarzer Sesam
2 EL geröstetes Sesamöl
2 EL Genmai Su
(japanischer Reisessig)
Meersalz
5 frische Shisoblätter
oder eingelegte Shisoblätter
oder Basilikum

In einem japanischen Restaurant, in dem ich eine Zeit lang gearbeitet habe, wurden die Gurken mit Salz abgerieben, mit der Begründung, dass sie dadurch länger ihre schöne grüne Farbe behalten. Und es stimmt. Die Schale wird dadurch zarter, grüner, saftiger, und dieser Zustand hält auch länger an, als wenn sie einfach nur gewaschen werden. Gurken entkerne ich zudem immer. Sobald nämlich Salz an einen Gurkensalat kommt, ziehen sie sonst einfach zu viel Wasser und der Salat verliert an Würze. Die Kerne kann man einfach als kleinen Snack während des Kochens im Mund zergehen lassen.

Korianderreis Den Reis gründlich waschen, abgießen und mit dem Wasser aufsetzen. Das Zitronengras putzen, mit dem Messerrücken weich klopfen und zu einem Knoten zusammenbinden. Den Ingwer schälen und fein hacken. Zitronengras und Ingwer zum Reis geben und diesen bei geschlossenem Deckel 10 Minuten kochen. Von der Herdplatte nehmen und 10 Minuten quellen lassen. Das Zitronengras herausnehmen, den Reis salzen, das Öl untermischen und den Reis mit einer Gabel leicht lockern und ausdampfen lassen. Vor dem Servieren den fein gehackten Koriander unterziehen.

Blumenkohl-Zitronen-Gemüse Den Blumenkohl putzen, waschen und in Röschen teilen. ½ Zitrone auspressen und die andere Hälfte in hauchdünne Scheiben schneiden. Das Öl in einer Pfanne erhitzen, den Blumenkohl mit dem Zitronensaft zugeben, salzen und ohne Deckel 7 Minuten knackig anbraten. Dann mit geschlossenem Deckel weitergaren. Die Zitronenscheiben und Thymianblättchen kurz vor Ende der Garzeit zufügen und alles durchschwenken.

Gurkensalat mit Sesam Die Gurke mit Salz abreiben, kurz abwaschen, der Länge nach halbieren und die Kerne mit einem Löffel auskratzen. Die Gurke schräg in dünne Halbmonde schneiden. Den Sesam in einer beschichteten Pfanne anrösten, bis die Kerne zu knistern beginnen. Gurke, Sesam, Sesamöl und Essig mischen und salzen. Die Kräuter fein schneiden und unterheben.

QUINOA

MIT ROSINEN, MAULBEEREN, JOGHURT UND FRISCHEM OBST

Für 4 Personen

250 g Quinoa
250 ml Wasser
2 EL Sonnenblumenöl
3 EL Reissirup
3 Orangen
40 g Ingwer
3 Äpfel
1 Granatapfel
50 g Rosinen
50 g Maulbeeren
500 g Sojajoghurt (Sojade)

Die chinesische Medizin schwört auf ein warmes Frühstück. Die einfachste Möglichkeit dafür ist, ein schnell kochendes Getreide zu verwenden. Probieren Sie es eine Zeit lang aus, und beobachten Sie Ihr Bauchgefühl und wie Sie sich während des Tages fühlen, wenn Sie morgens warm gegessen haben. Nach meiner Erfahrung bewirkt es mehr Ruhe, lässt den Stress des Tages besser ertragen und macht das Herz weicher.

Das Quinoa gut waschen, abgießen, mit dem Wasser in einen Topf geben und bei geschlossenem Deckel zum Kochen bringen. Nach ungefähr 10 Minuten ist das Wasser verkocht. Von der Herdplatte nehmen und 10 Minuten bei geschlossenem Deckel quellen lassen. Das Öl untermischen und mit dem Reissirup süßen.
Inzwischen die Orangen mit einem Messer bis auf das Fruchtfleisch schälen, halbieren und die Kerne entfernen. Die Orangen in Halbmonde schneiden. Den Ingwer schälen, fein reiben, auspressen und den Ingwersaft zu den Orangen geben. Die Äpfel waschen, halbieren, vierteln und entkernen. Die Viertel in gleichmäßig große Würfel schneiden.
Den Granatapfel quer halbieren, mit einer kleinen Schöpfkelle vorsichtig auf die Schalenseite klopfen, damit sich die Kerne lösen. Allfällige kleine Häutchen oder Reste der Trennhäute entfernen.
Das Obst mit den Rosinen und Maulbeeren zu einem Obstsalat mischen. Das Quinoa in Schälchen anrichten, den Joghurt darübergeben und mit dem Obstsalat garnieren.

KARTOFFELPADDIES

MIT SAMBAL UND AVOCADO-TOMATEN-SALAT

Für 4 Personen

Kartoffelpaddies:
600 g mehligkochende Kartoffeln
200 g vorwiegend festkochende Kartoffeln
100 g rote Linsen
250 ml Wasser
2 EL Sonnenblumenöl
½ TL gemahlene Kurkuma
1 EL gelbe Senfsamen
½ TL gemahlener Kreuzkümmel
1 TL gemahlener Koriander
½ Bund frischer Koriander
Meersalz
30 g Kichererbsenmehl
30 g Reismehl
100 ml Wasser
5 EL Sesamöl

Sambal:
3 frische rote Chilischoten
50 g getrocknete, in Öl eingelegte Tomaten, abgetropft
1 frische Tomate
30 g Ingwer
20 g frische Kurkuma
8 EL Olivenöl
Meersalz

Avocado-Tomaten-Salat:
3 Tomaten
1 Bund Koriander
2 reife Avocados
2 Limetten, Saft
4 EL Olivenöl
Meersalz

Der indische »To go«-Klassiker Batata Vada, der jedem Reisenden das Leben leichter macht. Diese »Paddies« sind leicht zu verpacken, gut mitzunehmen und schmecken auch kalt vorzüglich. In Indonesien gibt es ganz ähnliche kleine Kartoffelsnacks, die unseren Kroketten ähnlich sehen. Doch mit den indischen Gewürzen und den Linsen wird daraus statt einer Beilage eine vollwertige, nahrhafte Hauptmahlzeit.

Kartoffelpaddies Die Kartoffeln schälen und würfeln. Die Linsen waschen. Kartoffeln und Linsen mit 250 ml Wasser und dem Öl in einen Topf geben und bei geschlossenem Deckel 15 Minuten gar kochen. Das Wasser sollte dann verdampft und Kartoffeln sowie Linsen gar sein. Alles grob pürieren, mit den Gewürzen und dem grob geschnittenen Koriander vermengen und mit Salz abschmecken. Etwas auskühlen lassen.
Kichererbsenmehl und Reismehl in einer Schüssel mischen, das Wasser zugießen und salzen. Mit einem Schneebesen zu einem flüssigen Ausbackteig aufschlagen.

Sambal Die Chilis und die frische Tomate grob schneiden, Ingwer und Kurkuma hacken. Alle Zutaten mischen, leicht salzen und grob pürieren.

Avocado-Tomaten-Salat Die Tomaten halbieren, den Stielansatz entfernen und die Tomaten in 1 cm große Würfel schneiden. Den Koriander grob hacken. Die Avocados halbieren, den Stein entfernen und das Fruchtfleisch mit einem Löffel in schönen Stücken ausstechen. Alles mit Limettensaft, Olivenöl und Salz würzen und locker vermengen.

Fertigstellen Die Kartoffelmasse mit angefeuchteten Händen zu 16 kleinen Bratlingen (ca. 6 cm Durchmesser und 2–3 cm dick) formen. In dem Ausbackteig kurz wenden und portionsweise in einer beschichteten Pfanne im heißen Sesamöl von beiden Seiten 5 Minuten knusprig braten. Mit Sambal und Salat anrichten.

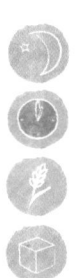

ROSMARIN-OFENKARTOFFELN

MIT KRÄUTERQUARK UND AUBERGINEN-TOMATEN-SALAT

Für 4 Personen

Kräuterquark:
250 g Sojajoghurt
200 g Seidentofu
1 Bund glatte Petersilie
1 Bund Kerbel
4 EL Hefeflocken
4 EL körniger Senf (60 g)
Saft von ½ Zitrone
Meersalz

Rosmarin-Ofenkartoffeln:
500 g festkochende Kartoffeln
500 g Topinambur
3 Zweige Rosmarin
5 EL Olivenöl
Meersalz

Auberginen-Tomaten-Salat:
2 Auberginen
6 kleine Strauch-Romatomaten
3 Zweige frischer Thymian
3 EL Olivenöl
Meersalz
½ Bund Basilikum

Topinambur sind eine geniale Alternative (oder hier eine Ergänzung) zu den bekannten Ofenkartoffeln – sie schmecken delikat, leicht nach Artischocke. Hier werden alle Gemüse nacheinander bei gleicher Temperatur im Ofen gebacken, einfach mit den Kartoffeln beginnen und dann nach und nach das weitere Gemüse hineinschieben. Der Kräuterquark wird nebenbei zubereitet. Timing in der Küche ist alles.

Kräuterquark Sojajoghurt und Tofu mischen und in einem Käsetuch oder feinen Haarsieb über Nacht abhängen und abtropfen lassen. Am nächsten Tag die Kräuter waschen, trocken schütteln und fein hacken. Die Soja-Tofu-Mischung pürieren. Kräuter, Hefeflocken, Senf, Zitronensaft und Salz unterheben.

Rosmarin-Ofenkartoffeln Den Backofen auf 220 Grad vorheizen. Die Kartoffeln und Topinambur mit einer Gemüsebürste gut abschrubben. Die Kartoffeln in 3 cm große Würfel schneiden. Die Topinambur halbieren und alles auf einem Backblech verteilen. Mit Rosmarin, Öl und Salz würzen und im Ofen 6 Minuten golden backen.

Auberginen-Tomaten-Salat Die Auberginen in ½ cm dicke Scheiben schneiden und in reichlich Wasser 5 Minuten einweichen. Die Auberginen abtropfen lassen und auf einem Backgitter leicht überlappend auslegen. Über den Kartoffeln in den Ofen einschieben und alles weitere 14 Minuten braun backen. Die Tomaten waschen, halbieren und den Stielansatz entfernen. Die Tomaten in eine Backform legen und für 3 Minuten mit in den Ofen schieben. Herausnehmen und mit Thymianblättern, Olivenöl und Salz würzen. Die Auberginen leicht unter die Tomaten heben, nachwürzen und mit Basilikumblättern garnieren.

KAROTTEN-SAUERTEIG-BROT

MIT PFEFFERMICHEL UND GEGRILLTEM GEMÜSE

Für 8 Personen

Karotten-Sauerteigbrot:
300 ml lauwarmes Wasser
¼ Würfel frische Hefe
½ Päckchen Natursauerteig oder
25 g Sauerteig (siehe Seite 104)
250 g Dinkelmehl (Type 630)
250 g Vollkorndinkelmehl
1 TL Meersalz
2 EL Olivenöl
2 gehäufte EL Sonnenblumenkerne
(25 g)
½ TL Kreuzkümmel
1 Karotte

Pfeffermichel:
100 g pflanzliche Margarine (Alsan)
25 g getrocknete Pilze
1 Bund glatte Petersilie
50 g Hefeflocken (Naturata)
4 EL grüner Pfeffer
1 TL Paprikapulver edelsüß
1 Msp. Chilipulver
1 Msp. Kurkuma
Meersalz

Gegrilltes Gemüse:
2 Zucchini
10 braune Champignons
3 Karotten
3 EL Olivenöl
Meersalz
4 Tomaten
Thymian, Salbei, Oregano, Petersilie

Brotbacken ist eine Kunst, die bis vor nicht allzu vielen Jahren in fast allen Haushalten betrieben wurde. Früher gab es einen großen Ofen am Dorfplatz, wo man sein Brot backen konnte. Heute kaufen wir Brot aus SB-Bäckereien, die teilweise Tiefkühlteiglinge aus China importieren, weil es billiger ist.

Wenn man in der Küche ein bisschen Platz zum Kneten und Backen hat, ist es ein Leichtes, sich auch zuhause frisches Brot zu backen.

Karotten-Sauerteigbrot Das Wasser in eine große Schüssel geben, die zerbröselte Hefe und den Sauerteig darin auflösen. Das Mehl einarbeiten und salzen. Olivenöl, Sonnenblumenkerne und Kreuzkümmel dazugeben. Die Karotte schälen, grob reiben und unterkneten. Die Schüssel fest verschließen und den Teig 30 Minuten ruhen lassen.

Den Teig erneut auf einer bemehlten Arbeitsfläche durchkneten; er soll nicht einreißen oder aufbrechen. Einen Laib formen und auf ein mit Backpapier belegtes Blech legen. Das Ganze in eine große Plastiktüte geben, dabei darf der Beutel den Teig nicht berühren. Noch einmal 20 Minuten ruhen lassen.

Den Backofen auf 220 Grad vorheizen. Das Brot 10 Minuten anbacken, dann die Hitze auf 180 Grad reduzieren und das Brot weitere 40 Minuten fertig backen (das Brot ist gar, wenn es beim Klopfen auf den Boden hohl klingt). Herausnehmen und auf einem Gitter auskühlen lassen.

Pfeffermichel Die Margarine schmelzen. Die Pilze im Mixer zu Pulver mahlen. Die Petersilie waschen, trocken tupfen und die Blättchen in feine Streifen schneiden. Alle Zutaten in die Margarine einrühren und mit Salz abschmecken.

Gegrilltes Gemüse Den Backofen auf 220 Grad vorheizen. Die Zucchini waschen, putzen und in ½ cm dicke Scheiben schneiden. Die Champignons putzen und halbieren. Die Karotten schälen und der Länge nach vierteln. Das Gemüse mit Olivenöl und Salz vermengen und auf einem Backblech ausbreiten. Die Tomaten halbieren und dazwischensetzen. Das Gemüse im Ofen 8 Minuten backen. Herausnehmen, leicht auskühlen lassen und mit grob geschnittenen Kräutern garnieren. Lauwarm zu Brot und Aufstrich servieren.

Hilfreiche Tipps beim Brotbacken:

1. Eine Tasse heißes Wasser beim Backbeginn auf den Boden des vorgeheizten Backofens schütten und die Ofentür schnell schließen. Vorsicht: Es entwickelt sich starker Dampf. Dadurch entsteht eine schöne Kruste.

2. Lässt man den Teig in einer großen, luftdicht verschließbaren Schüssel ruhen, halbiert sich die Ruhezeit.

3. Eine große Plastiktüte ermöglicht, das fertig geformte Brot oder ein volles Backblech bei optimalen Bedingungen ruhen zu lassen. Beim Abdecken mit einem Küchentuch trocknet die Teigoberfläche aus, und diese trockenen Stellen lassen sich nur schwer wieder einarbeiten.

4. Es lohnt sich, die doppelte Menge Brot zu backen, sodass man es in den folgenden Tagen noch als Sandwich- und Stullenbrot verwenden kann.

5. Hefeteig mag keine kalte Luft und vor allem keine Zugluft; in einer fest verschließbaren Schüssel ist er davor geschützt.

6. Fertig gebackenes Brot am besten in Papier aufbewahren, nicht in Plastik und auf keinen Fall im Kühlschrank lagern – das mag weder das selbst gebackene noch gekauftes Brot.

7. Selbst gebackenes Brot ist 3–5 Tage haltbar, dann wird es hart. Es lässt sich aber auch dann noch gut mit einem Aufstrich essen.

GEMÜSESTRUDEL

MIT SÄMIGER PAPRIKASAUCE

Für 4 Personen

Gemüsestrudel:
2 Karotten
½ Blumenkohl
6 Shiitakepilze
1 Bund glatte Petersilie
1 Fenchelknolle
200 g Sojasprossen
Meersalz
300 g Dinkelmehl (Type 630)
150 ml Wasser
2 EL Olivenöl
Meersalz

Paprikasauce:
3 rote Paprika
¼ Sellerieknolle
2 Tomaten
4 EL Olivenöl
1 EL Tomatenmark
1 TL Paprikapulver edelsüß
½ TL gemahlener Kreuzkümmel
¼ TL gemahlene Kurkuma
1 Msp. Chilipulver
Meersalz
250 ml Wasser

Ein Gemüsegericht, das man ohne Sauce auch gut mitnehmen und im Büro oder unterwegs genießen kann. Ideal ist, dass man am Abend vorher den Teig und die Füllung vorbereiten kann. Und auch Saucen schmecken am Tag danach noch besser, wenn sie länger durchziehen konnten.

Gemüsestrudel Die Karotten schälen und grob raspeln. Den Blumenkohl putzen, waschen, in hauchdünne Scheiben schneiden und dann grob zerkleinern. Von den Shiitakepilzen die Stiele entfernen und die Pilzhüte in breite Streifen schneiden. Die Petersilie waschen, die Blättchen abzupfen und grob hacken. Den Fenchel putzen, waschen, halbieren, vom Strunk befreien und in dünne Scheiben schneiden. Die Sojasprossen waschen und abtropfen lassen. Das vorbereitete Gemüse salzen und gut miteinander vermengen. Auf einem Sieb abtropfen lassen.
Mehl, Wasser, Öl und Salz zu einem festen Teig kneten und 15 Minuten ruhen lassen.
Den Backofen auf 190 Grad vorheizen. Auf einer bemehlten Arbeitsfläche den Teig dünn zu einem Rechteck (ca. 50 x 70 cm) ausrollen und längs mit der Gemüsefüllung belegen. Dabei einen schmalen Rand frei lassen. Die kurzen Enden einklappen und den Strudel längs zusammenrollen. Auf ein mit Backpapier belegtes Backblech legen und im vorgeheizten Ofen 30 Minuten backen.

Paprikasauce Paprika, Sellerie und Tomaten putzen, waschen und grob schneiden. Paprika und Sellerie in heißem Öl anbraten und salzen. Nach 10 Minuten das Tomatenmark und die Tomatenstücke dazugeben. Mit Paprika, Kreuzkümmel, Kurkuma und Chili würzen und mit Salz abschmecken. Das Wasser zugeben und mit dem Pürierstab gut pürieren; nach Wunsch (für eine ganz glatte Sauce) durch ein Sieb streichen. Zum Strudel servieren.

TOFUGULASCH

MIT POLENTA UND SPINATSALAT

Für 4 Personen

Polenta:
200 g Polentagrieß
1,6 l Wasser
Meersalz
1 EL pflanzliche Margarine (Alsan)

Tofugulasch:
3 Karotten
¼ Sellerieknolle
4 EL Olivenöl
3 EL Tomatenmark
1 Dose gestückelte Tomaten (400 g)
80 ml Rotwein
250 ml Wasser
3 EL Shoyu-Sojasauce
1 kleine rote Chilischote
400 g Tofu
Meersalz
2 Zweige Rosmarin
½ TL Oreganoblättchen
1 TL Paprikapulver edelsüß

Spinatsalat:
400 g frischer Blattspinat
2 EL Sesamöl
2 EL Sonnenblumenöl
2 EL weißes Tahin (Sesampaste)
Saft von 2 Orangen
Meersalz

Gulasch ist in der kalten Jahreszeit etwas Wunderbares. Das Schöne am veganen Gulasch ist, dass es keine 4 Stunden auf dem Herd schmoren muss; das geht mit Tofu ziemlich schnell. Doch die Tomaten brauchen ihre Zeit, damit sie an Säure verlieren und den süßen Geschmack der Karotten annehmen. Aber den Tofu beim Rühren nicht anbrennen lassen. Rühren heißt, bis ganz an den Boden gehen und ganz an den Topfrand, und auch die Topfmitte nicht vergessen. Es geht nicht um Geschwindigkeit, sondern um Gefühl und klare Intention.

Polenta Den Polentagrieß mit einem Schneebesen in das kochende gesalzene Wasser langsam, klumpenfrei einrühren. Bei geringer Hitze 50–60 Minuten garen, zwischendurch immer wieder gründlich umrühren. Zuletzt mit Salz und Margarine abschmecken.

Tofugulasch Karotten und Sellerie schälen, klein würfeln und im heißen Olivenöl leicht braun anbraten. Das Tomatenmark zugeben und anbraten. Mit Dosentomaten, Rotwein, Wasser und Shoyu ablöschen.
Die Chilischote halbieren, entkernen und fein hacken. Den Tofu gleichmäßig in 1½ cm große Würfel schneiden und vorsichtig unterrühren. Alles 20 Minuten leise köcheln lassen. Mit Salz abschmecken, die Gewürze dazugeben und weitere 10 Minuten garen. Die Rosmarinzweige vor dem Servieren entfernen.

Spinatsalat Die Spinatblätter von den Stielen trennen, in lauwarmem Wasser waschen und gut abtropfen lassen. In einem hohen Gefäß die Öle, Tahin, Orangensaft und Salz zu einem schaumigen Dressing aufschlagen. Den Spinatsalat mit dem Dressing mischen und 5 Minuten durchziehen lassen, damit die Blätter zarter werden.

SCHOKOCROISSANTS

Für 12 Stück

1 Paket (300 g) tiefgefrorener
veganer Blätterteig (Moin)
100 g Zartbitterkuvertüre (Rapunzel)
4 EL Sojamilch Natur

Croissants aus tiefgefrorenem Blätterteig sind ganz schnell fertig
und eine super Lösung, wenn man am Sonntag nicht zum Bäcker gehen
möchte.

Den Backofen auf 170 Grad vorheizen. Die Blätterteigscheiben neben-
einanderlegen und 5 Minuten auftauen lassen. Dann mit den Händen
5 cm länger ziehen, aber nur in eine Richtung. Mit einem Messer
diagonal teilen und an das schmale Ende des Teigstücks ein paar Stücke
grob gehackte Schokolade legen. Zu Croissants aufrollen, mit Sojamilch
bestreichen und auf ein mit Backpapier ausgelegtes Blech setzen.
Im Ofen 17 Minuten golden backen.

PAIN AU CHOCOLAT

Für 8 Stück

Vorteig:
5 g frische Hefe
100 ml kaltes Wasser
100 g Dinkelmehl (Type 630)

Blätterteig:
400 g Dinkelmehl (Type 630)
120 ml Sojamilch Vanille
10 g frische Hefe
60 g Rohrohrzucker
250 g pflanzliche Margarine (Alsan)
180 g Zartbitterkuvertüre (Rapunzel)
2 EL Sojamilch Vanille

Ich hatte das Glück, einmal in meinem Leben einen Frühling verliebt in Paris zu verbringen. In einer Boulangerie in der Nähe von Sacré Cœur gab es Pains au Chocolat aus hausgemachtem Blätterteig. Obwohl ich damals schon Veganer war, war meine Kochneugier so groß, dass ich mir dieses Gebäck immer wieder mal geleistet habe. Hier die vegane Variante davon. Blätterteig selber zu machen ist keine Hexerei. Allerdings muss man ein paar Stunden lang immer wieder für 5 Minuten in die Küche, um einen Arbeitsschritt zu machen: Also Teig vorbereiten, eine Runde joggen gehen, eine Tour machen, E-Mails checken, noch eine Tour machen, Tisch decken und Blumen holen, backen und die Liebe seines Herzens mit frischen Croissants überraschen.

Vorteig Hefe, Wasser und Mehl zu einem elastischen Teig verrühren. Abgedeckt und gut gekühlt über Nacht ruhen lassen.

Blätterteig Den Vorteig mit Mehl, Sojamilch, Hefe, Zucker und 35 g Margarine in eine Schüssel geben und 15 Minuten mit dem Knethaken auf kleiner Stufe kneten. Der Teig soll sehr elastisch sein und so gut wie gar nicht reißen. 1 Stunde abgedeckt kühl stellen. Die restliche Margarine zwischen zwei Lagen Backpapier rechteckig (20 x 30 cm) ausrollen und kalt stellen. Den Teig auf einer bemehlten Arbeitsfläche kurz durchkneten und rechteckig (50 x 70 cm) ausrollen, doppelt so groß wie die Margarineplatte. Die Margarineplatte auf die eine Hälfte des Teigs legen, zusammenklappen und die Ränder andrücken. Den Teig gedrittelt zusammenklappen und wieder rechteckig ausrollen. Zwischen Backpapier gut 30 Minuten kühl stellen. Diesen Vorgang noch zweimal wiederholen (die Margarine darf nicht durch den Teig durchbrechen; wenn die Margarine zu sehr an die Oberfläche kommt, den Teig sofort kalt stellen und vor dem nächsten Ausrollen erst zusammenfalten). Nach der letzten Tour den Teig in Größe des Backblechs (30 x 40 cm) ausrollen. Den Teig der Länge nach halbieren und jeweils der Breite nach dreimal durchschneiden, sodass 8 rechteckige Platten entstehen. Diese am unteren Ende jeweils mit grob gehackter Schokolade belegen und flach aufrollen. Die Pains au Chocolat auf ein mit Backpapier belegtes Blech legen und 30 Minuten ruhen lassen.
Den Backofen auf 190 Grad vorheizen. Die Pains au Chocolat mit Sojamilch bepinseln und 17–20 Minuten golden backen.

SELLERIESCHNITZEL-SEMMEL

MIT RUCOLASALAT

Für 8 Brötchen

Knuspersemmeln:
10 g frische Hefe
320 ml Wasser
300 g Dinkelmehl (Type 630)
150 g Buchweizenmehl
50 g Haferflocken
6 EL Olivenöl
50 g Polentagrieß

Sellerieschnitzel:
1 mittlere Sellerieknolle
Meersalz
5 EL mittelscharfer Senf
1 EL Sambal Oelek
1 EL Kartoffelstärke
75 g Semmelbrösel, mit 25 g
gemahlenen Mandeln vermischt
3 EL pflanzliche Margarine (Alsan)
2 EL Sonnenblumenöl

Rucolasalat:
300 g Rucola
8–12 Cornichons
1 Zitrone
5 EL Sonnenblumenöl
1 EL Agavendicksaft
1 EL mittelscharfer Senf
Meersalz

Die Zugabe eines härteren Getreides macht Brotteig wunderbar knusprig. In früheren Rezepten habe ich dafür schon Polentagrieß genommen, hier hat Hartweizengrieß den gleichen Effekt. Und wer keinen Weizen mag oder verträgt, kann natürlich auf Polentagrieß ausweichen. Die Schnitzel können aus allen festen Gemüsesorten gemacht werden. Sellerie bietet sich einfach wegen seiner Größe an. Aber Rote Bete, Goldballrüben oder Steckrüben sind eine tolle Abwechslung.

Knuspersemmeln Die Hefe in Wasser auflösen. Die restlichen Zutaten, bis auf den Polentagrieß, einarbeiten und zu einem elastischen Teig kneten. In einer fest verschließbaren Schüssel 30 Minuten ruhen lassen; anschließend erneut durchkneten. Den Teig in 8 gleich große Stücke teilen und auf der mit Polentagrieß bestreuten Arbeitsfläche zu Teiglingen drehen. Den restlichen Grieß auf die Semmeln streuen. Die Teiglinge auf einem mit Backpapier belegten Backblech auf 3 cm Dicke platt drücken. In einer Plastiktüte gelagert weitere 30 Minuten gehen lassen. Den Backofen auf 220 Grad vorheizen. Die Brötchen mit Wasser bepinseln und mit einem Messer drei bis vier Streifen in die Oberfläche schneiden. Sofort in den Ofen schieben und die Semmeln 12 Minuten anbacken. Die Temperatur auf 180 Grad reduzieren und weitere 8 Minuten golden backen.

Sellerieschnitzel Den Sellerie oben und unten gerade schneiden, schälen und in 8 Scheiben (6–7 mm Dicke) schneiden. Die Selleriescheiben in kochendem Salzwasser 3 Minuten blanchieren, abgießen und ausgebreitet ausdampfen lassen. Senf, Sambal Oelek und Stärke mischen. Die Schnitzel damit beidseitig bestreichen und in der Semmelbrösel-Mandel-Mischung wenden. Die Schnitzel in einer beschichteten Pfanne im heißen Öl golden ausbraten.

Rucolasalat Den Rucola waschen und trocken schleudern. Die Cornichons in dünne Scheiben schneiden. Die Zitrone waschen, trocken reiben und etwa ½ TL Schale abreiben, den Saft auspressen. Zitronensaft und -schale, Öl, Agavendicksaft, Senf und Salz zu einem gebundenen Dressing mixen.

Anrichten Die Semmeln aufschneiden und mit den Schnitzeln, Salat, Cornichons sowie jeweils 1 EL Dressing füllen.

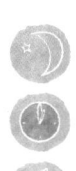

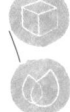

LUPINEN-BRATLINGE

MIT POLENTA E SONI, ZUCCHINI UND TOMATEN

Für 4 Personen

Polenta e soni:
50 g Polentagrieß
400 ml Wasser
Meersalz
200 g festkochende Kartoffeln
Mehl zum Wenden
2 EL Olivenöl
1 EL pflanzliche Margarine (Alsan)

Lupinen-Bratlinge:
200 g Süßlupinen-Schrot
2 Karotten
½ Fenchelknolle
1 TL gerebelter Oregano
1 Bund glatte Petersilie,
fein geschnitten
4 EL Hefeflocken (Naturata)
3 EL Sonnenblumenöl
Meersalz

Tomaten aus der Pfanne:
8 kleine Strauchtomaten
1 TL gerebelter Oregano
2 EL Gomasio
6 Basilikumblätter
2 EL Olivenöl

Gebratene Zucchini:
10 g getrocknete Steinpilze oder
andere Trockenpilze
1 TL Rohrohrzucker
3 kleine Zucchini
3 EL Olivenöl
Saft von ½ Zitrone
Meersalz

Dieses Gericht stammt ursprünglich aus Südtirol und diente der Reste-verwertung.
Lupinenprodukte sind die sojafreie Version von Tofu und können anstelle von Tofu in fast allen Gerichten benutzt werden. Sie sind allerdings von eher brüchiger Konsistenz und behalten nicht so schön die Form, also sanft damit umgehen!

Polenta e soni Entweder Reste von Polenta und Kartoffeln verwenden oder am Vorabend den Polentagrieß mit einem Schneebesen in die abge-messene Menge kochendes Wasser einrühren. Salzen und 1 Stunde bei kleiner Hitze unter ständigem Rühren gar kochen. In eine eingeölte rechteckige Form streichen und auskühlen lassen. Die Kartoffeln waschen und mit Schale in reichlich Wasser 20 Minuten gar kochen. Abgießen, noch warm schälen und auskühlen lassen.

Lupinen-Bratlinge Den Lupinenschrot in Wasser einweichen (ca. 10 Minuten). Die Karotten schälen, den Fenchel putzen und beides fein raspeln. Gemüse und Schrot mischen und mit Salz abschmecken. Daraus Bratlinge formen und diese im heißen Öl etwa 7 Minuten auf beiden Seiten braten und leicht salzen.

Tomaten aus der Pfanne Die Tomaten waschen, mit der Rundung nach oben auf die Arbeitsfläche legen und mit einem scharfen Messer bis zur Hälfte der Frucht über Kreuz einschneiden. In die Einschnitte Oregano, Gomasio und Basilikumblätter hineingeben. Das Olivenöl in einer beschich-teten Pfanne erhitzen, die Tomaten hineinsetzen und mit geschlossenem Deckel bei mittlerer Hitze 8 Minuten anbraten. Die Tomaten sollen auch an der Oberfläche weich sein und ein wenig Saft abgeben.

Zucchini Die Trockenpilze mit dem Zucker im Blitzhacker oder Mixer pulverisieren. Die Zucchini waschen, putzen und in 3 cm dicke Scheiben schneiden. In einer beschichteten Pfanne im heißen Olivenöl anbraten, dann zugedeckt 5 Minuten ziehen lassen. Wenden, mit Zitronensaft beträufeln, salzen und das Pilzpulver darüberstreuen. Zugedeckt 4 Minuten schwitzen lassen. Aus der Pfanne nehmen und ausdampfen lassen.

Fertigstellen Kartoffeln und Polenta nach dem vollständigen Auskühlen in knapp 1 cm dicke Scheiben schneiden, in Mehl wenden und in einer be-schichteten Pfanne im heißen Olivenöl und der Margarine bei mittlerer Hitze 10 Minuten golden ausbraten. Salzen und mit dem Gemüse servieren.

SOMMER

BANANEN-SHAKE

MIT CHOCOLATE CHIPS

Für 4 Gläser

3 Bananen
3 EL Erdnusscreme (cremig)
700 ml Reismilch oder
andere Pflanzenmilch
½ Zitrone
80 g Zartbitterschokolade
fein gehobelte Zartbitterschokolade
zum Garnieren

Ein »happy start« in den Tag. Ich mag die Kombination von Erdnussbutter, Schokolade und Bananen sehr. Sie lässt sich vielseitig umsetzen, ob als Shake oder Muffin, als Sandwichbelag oder einfach, indem man Bananen mit Erdnussbutter bestreicht. Eine gute Basis, die lange Kraft gibt, ohne den Magen zu beschweren. Wem die Erdnussbutter zu deftig ist, kann auch einfach in Wasser eingeweichte Nüsse verwenden, dann allerdings erst einmal die Reismilch mit den Nüssen glatt mixen.

Die Bananen schälen und mit Erdnusscreme, Reismilch und einem Spritzer Zitronensaft im Mixer zu einem schaumigen Drink pürieren. Die Schokolade grob hacken und nur gerade 5 Sekunden mitmixen. Den Shake in Gläser füllen und nach Belieben mit Schokoraspeln garnieren.

KOKOS-SPINAT-SUPPE

MIT TOMATEN-KORIANDER-SALAT

Für 4 Personen

Kokos-Spinat-Suppe:
660 ml Kokosmilch
500 ml Wasser
¼ Sellerieknolle
½ Fenchelknolle
Meersalz
2 Karotten
300 g Blattspinat
1 kleine rote Chilischote
20 g Ingwer

Tomaten-Koriander-Salat:
6 reife Strauchtomaten
1 Bund frischer Koriander
Saft von 1 Orange
4 EL geröstetes Sesamöl
4 EL Sesam
Meersalz

Was macht ein Gericht interessant? Verschiedene Geschmacksrichtungen, die in der Kombination etwas Neues ergeben. Verschiedene Konsistenzen wie cremig, knusprig, knackig, zart, mit Biss oder mit der Zunge zu zerdrücken. Die Mischung von süß und salzig, bitter und sauer, scharf und heiß, kalt und überraschend. Das rohe Gemüse, das hier einfach in der cremigen Suppe zieht, behält so seine Farbe und gibt der sonst einfachen Suppe einen besonderen Touch.

Kokos-Spinat-Suppe Kokosmilch und Wasser zum Kochen bringen. Sellerie und Fenchel putzen, klein schneiden und in der Kokosmilch etwa 10 Minuten gar kochen. Mit Salz abschmecken und glatt pürieren. Die Karotten schälen und in feine, dünne Streifen schneiden. Den Spinat gut waschen und die Blätter von den Stängeln zupfen. Die Spinatblätter in 4 cm breite Streifen schneiden. Die Chili in hauchdünne Scheiben schneiden, den Ingwer schälen und hacken. Die Suppe von der Herdplatte nehmen und das vorbereitete Gemüse hineingeben. 4 Minuten in der heißen Suppe ziehen lassen, dann servieren.

Tomaten-Koriander-Salat Die Tomaten waschen, halbieren, vom Stielansatz befreien und in 1 cm große Würfel schneiden. Mit dem grob gehacktem Koriander, Orangensaft, Sesamöl, Sesam und Salz würzen.

PATATE ANNA

MIT ESTRAGON-TOMATEN, KOHLRABIBLÄTTERN UND ROTEN LINSEN

Für 4 Personen

Tomaten mit Estragon:
500 g Kirschtomaten (oder 150 g getrocknete Tomaten)
1 Bund Estragon
4 EL Olivenöl
Meersalz

Patate Anna:
750 g vorwiegend festkochende Kartoffeln
20 g pflanzliche Margarine (Alsan)
400 ml Sojamilch Natur
½ Muskatnuss
4 EL Hefeflocken (Naturata)
Meersalz

Rote-Linsen-Gemüse:
1 Karotte
½ Fenchelknolle
125 g rote Linsen
3 EL Rapsöl
½ TL gemahlene Kurkuma
½ TL gemahlener Koriander
100 ml Wasser

Gedünstete Kohlrabiblätter mit Pak Choi:
15 große Kohlrabiblätter (von ca. 3 Kohlrabi)
1 Pak Choi
Meersalz
1 Msp. Natron
2 EL gelbe Senfsamen
3 EL Olivenöl
1 Prise schwarzer Pfeffer

Dieses Kartoffelrezept von meiner Großmutter ist eine schöne Art, Kartoffeln als Gratin einmal anders anzurichten. Kohlrabiblätter habe ich in Afrika, in Mali, zum ersten Mal als Gemüse gegessen. Sie sind ein bisschen zäher und haben mehr Biss als Spinat, werden durch die Beigabe von Natron aber schön weich und behalten ihre tolle grüne Farbe.

Tomaten mit Estragon Die Tomaten waschen, halbieren und auf einem Backblech auslegen. Im Ofen bei 60 Grad 4 Stunden trocknen lassen, dabei ab und an die Backofentür öffnen, damit die Feuchtigkeit entweichen kann und die Tomaten schön trocknen. Alternativ kann man die Tomaten im Dehydrator (Dörrgerät) bei 45 Grad 4 Stunden trocknen. Die Tomaten mit den abgezupften Estragonblättern, Olivenöl und Salz mischen.

Patate Anna Den Backofen auf 200 Grad vorheizen. Die Kartoffeln schälen, waschen und in 2 mm dicke Scheiben schneiden. Eine kleine ofenfeste Form mit Margarine gut einfetten und die Kartoffeln hochkant in die Form stellen. Die Sojamilch mit geriebener Muskatnuss, Hefeflocken und Salz würzen, verquirlen und über die Kartoffeln gießen. Die Kartoffeln sollen ¾ hoch mit Flüssigkeit bedeckt sein. Die Form mit Aluminiumfolie abdecken und die Kartoffeln im Ofen 30 Minuten backen. Dann die Folie abnehmen und weiterbacken, bis die Oberfläche gebräunt und leicht knusprig wird. Mit einem Holzstäbchen testen, ob die Kartoffeln gar sind.

Rote-Linsen-Gemüse Die Karotte schälen und in dünne Streifen schneiden. Den Fenchel putzen, das Innere herauslösen und in dünne Halbmonde schneiden. Die Linsen waschen, abtropfen lassen und im heißen Öl trocken braten, bis sie leicht ankleben. Das Gemüse und die Gewürze dazugeben, salzen und 2 Minuten braten. Mit dem Wasser ablöschen und bei geschlossenem Deckel etwa 12 Minuten quellen lassen, bis die Linsen gar sind.

Gedünstete Kohlrabiblätter mit Pak Choi Die Kohlrabiblätter waschen und den Stiel abschneiden. Die Pak-Choi-Stängel vom Strunk lösen, Stängel und Blätter in 3 cm breite Streifen schneiden. Kohlrabiblätter und Pak Choi in kochendem Salzwasser mit dem Natron nur gerade 30 Sekunden blanchieren. Abgießen, abschrecken und abtropfen lassen. Die Senfsamen im Mörser oder Mixer zerkleinern und zusammen mit Öl, Pfeffer und Salz unter das Blattgemüse mischen.

MANGO-BLUTORANGEN-SALAT

MIT AMARANT-POPS

Für 4 Personen

100 g Kakaobutter
3 EL Kakaonibs
50 g Cranberrys
150 g Amarant-Pops
8 EL Agavendicksaft
2 Mangos
2 Blutorangen
1 Vanilleschote
500 ml Reismilch

Knusprig, gesund, mit Kakaobutter und Kakaonibs. Wie ein Crunchy zubereitet, ohne zu backen. Das Obst kann nach Geschmack variiert werden. Ein »Breakfast for Champions«: Es ist leicht und liegt weich im Bauch und gibt trotzdem Kraft. Dabei schmeckt es wie eine Tafel weiße Schokolade ohne Zucker.

Die Kakaobutter schmelzen. Kakaonibs, Cranberrys und Amarant-Pops in einer Schüssel vermengen. Die Kakaobutter und 4 EL Agavendicksaft unterziehen. Eine rechteckige Form (20 x 30 cm) mit Backpapier auslegen, die Masse einfüllen, mit Frischhaltefolie abdecken und 10 Minuten im Kühlschrank fest werden lassen.
Die Mangos schälen und das Fruchtfleisch in feinen Scheiben vom Stein schneiden. Die Blutorangen filetieren. Die Vanilleschote längs aufschneiden und das Mark auskratzen. Das Obst mit Vanillemark und 4 EL Agavendicksaft mischen und 15 Minuten durchziehen lassen.
Zum Servieren die Amarant-Pops in grobe Stücken brechen, mit Reismilch aufgießen und den Obstsalat darüber anrichten.

GLÜCKSROLLEN

MIT SWEET & SOUR SAUCE

**Für 4 Personen,
ergibt 20 Rollen**

Glücksrollen:
200 g Glasnudeln
(aus Mungbohnen, Asialaden)
2 Bund frischer Koriander
1 Bund frische Minze
2 Karotten
2 Selleriestangen
6 braune Champignons
Meersalz
20 runde Blätter Reispapier

Sweet & Sour Sauce:
4 rote Chilischoten
40 g Ingwer
30 g frische Kurkuma
2 Tomaten
1 Orange
Saft von 1 Zitrone
4 EL Agavendicksaft
Meersalz
4 EL geröstetes Sesamöl

Ein genialer Sommer-Quickie – jeder, der mal in Laos, Vietnam oder in dieser Gegend unterwegs war, weiß um ihre köstlich kühlende Wirkung. Ich habe mich in Laos praktisch von diesen Röllchen ernährt. Für mich ist die laotische die beste der asiatischen Küchen. Französische Einflüsse und Esskultur haben hier etwas ganz Besonderes hervorgebracht.

Glücksrollen Die Glasnudeln in lauwarmem Wasser 10 Minuten einweichen, bis sie weich sind. Die Kräuterblättchen von den Stängeln abzupfen. Die Karotten schälen und in feine Stifte schneiden. Die Selleriestangen putzen und schräg in hauchdünne Scheiben schneiden. Die Champignons putzen und in hauchdünne Scheiben schneiden. Das Gemüse und die Pilze vermengen und mit Salz würzen. Die Glasnudeln gut abtropfen lassen. Mit einer Schere grob kreuz und quer klein schneiden, damit sie leichter zu handhaben sind. Jeweils ein Blatt Reispapier (nicht alle auf einmal) in einer Schüssel mit Wasser nur gerade 30 Sekunden einweichen, bis es etwas nachgibt. Herausnehmen, gut trocken schütteln und mittig länglich einige Glasnudeln darauflegen. Koriander, Minze und Gemüsesalat genauso längs darauflegen, dann das Reispapier seitlich einklappen und einrollen. Mit der Nahtseite nach unten auf Backpapier legen und die restlichen Rollen genauso herstellen.

Sweet & Sour Sauce Die Chilis grob hacken. Ingwer und Kurkuma mit einem kleinen Löffelchen abschaben und grob hacken. Die Tomaten waschen, halbieren, vom Stielansatz befreien und grob schneiden. Die Schale der Orange mit dem Messer bis auf das Fruchtfleisch wegschneiden, halbieren, die Kerne entfernen und das Fruchtfleisch grob schneiden. Alle vorbereiteten Zutaten mit Zitronensaft, Agavendicksaft, Salz und Öl mischen und mit einem Pürierstab grob durchmixen.

PISTAZIEN-GOJI-REIS

MIT GEBRATENEM TOFU UND INGWER-KAROTTEN

Für 4 Personen

Pistazien-Goji-Reis:
300 g Basmatireis
500 ml Wasser
50 g Gojibeeren
50 g geschälte Pistazien
3 EL Olivenöl
Meersalz

Gebratener Tofu mit Sesam und Koriander:
400 g Tofu Natur
4 EL natives Sesamöl
8 EL Tamari (Sojasauce)
4 EL weißer Sesam
1 Bund frischer Koriander

Ingwer-Karotten:
8 Bundkarotten
40 g Ingwer
4 EL Sesamöl
Saft von 1 Orange
Meersalz

Thymian-Zucchini:
3 dünne Zucchini
2 EL Olivenöl
Saft von ½ Zitrone
Meersalz
3 Zweige Thymian

Wenn man schon den Ofen einheizt, ist es gut, gleich ein paar Dinge darin zu machen. Hier sind es zwei. Aber man könnte natürlich gleich danach oder davor auch noch einen Kuchen oder ein Brot backen.
Es ist praktisch, kleinere feuerfeste Formen zur Verfügung zu haben, um unterschiedliche Zutaten zur gleichen Zeit zu garen.

Pistazien-Goji-Reis Den Basmatireis gründlich waschen, abtropfen lassen und mit dem Wasser aufsetzen. Im geschlossenen Topf 10 Minuten leise kochen lassen. Von der Herdplatte nehmen und weitere 10 Minuten quellen.
Nebenbei die Gojibeeren in lauwarmem Wasser einweichen, dann abtropfen lassen. Mit leicht gehackten Pistazien, Olivenöl und Salz unter den Reis mischen und mit einer Gabel auflockern. Ohne Deckel 5 Minuten ausdampfen lassen.

Gebratener Tofu mit Sesam und Koriander Den Tofu gleichmäßig in 1 cm große Würfel schneiden. In einer beschichteten Pfanne das Sesamöl erhitzen und den Tofu hineingeben. Immer wenn er festzukleben beginnt, ein wenig Tamari dazugeben und den Tofu vorsichtig vom Pfannenboden lösen. Ist er schön knusprig gebraten, den Sesam dazugeben und weitere 3 Minuten rösten. Aus der Pfanne nehmen und mit grob gehacktem Koriander vermengen.

Ingwer-Karotten Den Backofen auf 200 Grad vorheizen. Die Karotten schälen und in eine kleine Backform geben. Den Ingwer schälen, hacken und mit Öl, Orangensaft und Salz verrühren. Über die Karotten geben und im Ofen 20 Minuten braten.

Thymian-Zucchini Die Zucchini putzen, waschen, der Länge nach halbieren und jede Hälfte in 3 Stücke schneiden. In einer kleinen Backform mit Olivenöl, Zitronensaft, Salz und Thymianzweigen vermengen und im Ofen bei 200 Grad 10 Minuten braten.

ERDBEER-CASHEW-SHAKE

Für 4 Gläser

100 g Cashewkerne
500 ml Wasser
500 g Erdbeeren
1 Banane
1 Vanilleschote
Saft von ½ Orange

Wie schön ist es, den Tag in Rosa zu beginnen – das macht das Herz gleich morgens schon froh. Dieser Erdbeerdrink macht glücklich, ist nahrhaft und gesund. Es ist fast so, wie sich selbst Blumen zu schenken. Etwas Selbstliebe schadet übrigens gar nicht – ein frohes Herz ist das Kostbarste und Schönste, was es auf dieser Welt gibt.

Die Cashewkerne über Nacht in reichlich Wasser einweichen. Am nächsten Tag die Cashewkerne abgießen und waschen. Im Mixer mit dem Wasser zu einer feinen Milch pürieren.
Die Erdbeeren waschen und putzen. Die Banane schälen. Die Vanilleschote längs halbieren, das Mark auskratzen. Alles zusammen mit dem Orangensaft in den Mixer geben und kräftig aufschlagen.

BLÄTTERTEIGTASCHEN

MIT KARTOFFEL-ERBSEN-FÜLLUNG

Für 4 Personen

Blätterteigtaschen:
400 g Erbsen in der Schote oder
200 g Tiefkühlerbsen
2 vorwiegend festkochende
Kartoffeln
1 Karotte
1 Petersilienwurzel
30 g Ingwer
20 g frische Kurkuma
3 EL Rapsöl
1 TL gelbe Senfsamen
½ TL gemahlener Kardamom
½ TL Kreuzkümmel
3 EL Wasser
Meersalz
1 Paket (300 g) tiefgefrorener
veganer Blätterteig (Moin)
oder ½ Rezeptmenge Blätterteig
(Seite 56)
4 EL Sojamilch Vanille

Süßkartoffel-Chili-Paste:
400 g Süßkartoffeln
½ rote Chilischote
20 g Ingwer
3 EL Sonnenblumenöl
2 EL Wasser
3 EL Sesam
½ TL gemahlener Koriander
Meersalz

In Pune in Maharastra, Indien, gab es vor vielen Jahren die »Lucky Bakery«. Über Monate ging ich täglich bei dieser Bäckerei vorbei und habe mir diese kleinen Kartoffel-Erbsen-Blätterteigtaschen geholt und zwar nicht nur eine ... Meine Freunde wissen, wie viel ich esse, und ziehen mich deswegen auch gerne auf. Ich habe das Blech, das im Glaskasten stand, immer leer gekauft, einfach den ganzen Restbestand mitgenommen.

Blätterteigtaschen Die Erbsen aus den Schoten lösen. Kartoffeln, Karotte und Petersilienwurzel schälen und in erbsengroße Würfel schneiden. Ingwer und Kurkuma schälen und hacken. Das Öl in einem kleinen Topf erhitzen und die Gewürze 1 Minute leicht anschwitzen. Das Gemüse dazugeben und andünsten. Das Wasser zufügen, salzen und mit geschlossenem Deckel 8 Minuten leise garen. Das Gemüse aus dem Topf nehmen und ausgebreitet auskühlen lassen.
Den Backofen auf 180 Grad vorheizen. Die Blätterteigplatten auftauen lassen. Dann etwas länger auseinanderziehen und mit jeweils 4–6 EL Füllung mittig belegen. Den Teig zu Dreiecken zusammenfalten, die Ränder umklappen und gut zusammendrücken. Auf ein mit Backpapier belegtes Blech legen, mit Sojamilch bestreichen und im Ofen 18 Minuten backen.

Süßkartoffel-Chili-Paste Die Süßkartoffeln waschen, schälen und in 1 cm große Würfel schneiden. Die Chilischote in hauchdünne Ringe schneiden. Den Ingwer schälen und hacken. Das Öl in einer Pfanne erhitzen und die Süßkartoffeln mit dem Wasser darin anbraten. Chili, Sesam, Koriander und Salz zufügen und 5–8 Minuten braten, bis die Süßkartoffeln weich sind. Herausnehmen und mit einer Gabel grob zerdrücken.

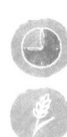

TOFU CACCIATORE

MIT BRATKARTOFFELN UND GRÜNEM SPARGEL

Für 4 Personen

Bratkartoffeln:
800 g festkochende Kartoffeln
40 g pflanzliche Margarine (Alsan)
6 EL Sonnenblumenöl
Meersalz, Pfeffer aus der Mühle

Tofu Cacciatore:
1 Petersilienwurzel
8 braune Champignons
400 g Räuchertofu
3 EL Olivenöl
2 EL Tomatenmark
6 EL Tamari (Sojasauce)
50 ml Rotwein
2 Tomaten
½ Zweig Rosmarin

Grüner Spargel:
500 g grüner Spargel
Meersalz
1 Msp. Natron
4 EL Olivenöl
Saft von 1 Orange

Bratkartoffeln Die Kartoffeln gut waschen und mit Schale in ausreichend Wasser 20 Minuten gar kochen. Abgießen, kalt abschrecken und die noch warmen Kartoffeln schälen. Die Kartoffeln auskühlen lassen und dann in ½ cm dicke Scheiben schneiden. Eine Edelstahlpfanne gut erhitzen, die Hitze etwas reduzieren, Öl und Margarine zugeben und die Kartoffeln darin schön rösten. Mit Salz und Pfeffer würzen.

Tofu Cacciatore Die Petersilienwurzel schälen und in kleine Würfel schneiden. Die Champignons putzen und in dicke Scheiben schneiden. Den Tofu in gleichmäßig große Scheiben schneiden und in einer beschichteten Pfanne im heißen Olivenöl anbraten. Petersilienwurzel und Pilze zum Tofu geben und scharf anbraten. Das Tomatenmark beigeben, anschwitzen, mit Tamari und Rotwein ablöschen und einkochen lassen. Die Tomaten würfeln, die Rosmarinblätter abzupfen und beides in die Pfanne geben. Zweimal durchschwenken und von der Herdplatte nehmen.

Grüner Spargel Den Spargel putzen, die holzigen Enden abschneiden. Den Spargel in gesalzenem kochendem Wasser mit dem Natron 4 Minuten blanchieren. Abgießen, abschrecken und abtropfen lassen. Das Olivenöl mit dem frisch gepressten Orangensaft erhitzen, den Spargel darin wenden und leicht anwärmen.

Kleine Kartoffelkunde

Es gibt viele Kartoffelsorten, wie lila Kartoffeln, Kartoffeln mit roter Schale oder die extra kleinen Babykartoffeln. Sie unterscheiden sich nicht nur in der Farbe des Fruchtfleischs, das weiß, orange oder lila sein kann, sondern auch in ihren Kocheigenschaften. Es sind festkochende, vorwiegend festkochende und mehligkochende Kartoffeln erhältlich. Sie alle haben ihren speziellen Anwendungsbereich, und es lohnt sich auf jeden Fall, die richtige Sorte für das entsprechende Gericht zu nehmen. Kartoffeln lassen sich an einem dunklen, gut belüfteten und nicht zu feuchten Ort sehr gut lagern.

Hier eine Auswahl an Kartoffelsorten und wofür sie am besten verwendet werden:

Festkochende Kartoffeln, z. B. Hansa, Linda, Nicola und Sieglinde
- Bratkartoffeln
- Kartoffelsalat

Vorwiegend festkochende Kartoffeln, z. B. Desiree, Rosara und Agria
- Aufläufe
- Gratins
- Kartoffeln in der Schale, Pellkartoffeln
- Folienkartoffeln
- Ofenkartoffeln

Mehligkochende Kartoffeln, z. B. Adretta, Augusta und Guanda
- Suppe
- Pommes frites
- Kartoffelchips
- Kartoffelpüree
- Kartoffelknödel

Mittwoch Abend

SEITAN MIT GEBRATENEN PILZEN

IM WALNUSSBTÖTCHEN

Für 8 Personen

Walnussbrötchen:
300 ml Wasser
10 g frische Hefe
50 ml Sonnenblumenöl
500 g Dinkelmehl (Type 630)
100 g Walnüsse
Meersalz
15 g Kümmel
2 EL grobes Meersalz

Seitan mit gebratenen Pilzen:
400 g Seitan am Stück
(z. B. von Svadesha)
3 EL Olivenöl
10 Austernpilze
4 EL Shoyu (Sojasauce)
2 Zweige Rosmarin

Feldsalat mit Tomaten:
100 g Feldsalat
2 Strauchtomaten
Saft von ½ Zitrone
4 EL Olivenöl
1 EL grober Senf
Meersalz

Ein wirklich würziges Brötchen, das so etwas wie die »Leberkas-Semmel« unter den veganen Sandwiches ist. Auch perfekt, um es ins Büro mitzunehmen. Für eine Party passt super ein Bier dazu, und die Männer sind ganz happy, etwas Kräftiges zum Beißen zu haben.

Walnussbrötchen Wasser, Hefe und Öl in einer großen Schüssel verrühren und das Mehl einarbeiten. Die Walnüsse dazugeben und salzen. Den Teig mindestens 5 Minuten kneten, bis er nicht mehr an den Händen klebt. In einer fest verschließbaren Schüssel 30 Minuten ruhen lassen. Den Teig auf eine bemehlte Arbeitsfläche stürzen und ein weiteres Mal durchkneten. In 8 gleich große Stücke teilen und mit bemehlten Händen zu runden Brötchen drehen. Kümmel und Salz auf die leicht klebrigen Teiglinge streuen und andrücken. Auf ein mit Backpapier belegtes Blech setzen, das Blech am besten in eine große Plastiktüte geben und 30 Minuten ruhen lassen.
Den Backofen auf 220 Grad vorheizen. Das Blech mit den Brötchen in den Ofen geben. Eine Tasse Wasser auf den Boden des Ofens schütten und die Backofentür sofort schließen, bevor der Dampf entweicht. 10 Minuten backen, dann die Hitze auf 180 Grad reduzieren und weitere 15 Minuten backen. Herausnehmen und auf einem Kuchengitter auskühlen lassen.

Seitan mit gebratenen Pilzen Den Seitan in 8 dünne Scheiben schneiden und in einer Pfanne im Olivenöl anbraten. Die Austernpilze in ½ cm dicke Scheiben schneiden. Zum Seitan geben und kräftig anbraten. Hat der Seitan Farbe bekommen, mit Shoyu ablöschen und von der Herdplatte nehmen. Rosmarinblätter dazugeben und noch einmal durchschwenken.

Feldsalat mit Tomaten Den Salat putzen, waschen und abtropfen lassen. Die Tomaten waschen, halbieren, vom Stielansatz befreien und in 3 mm dünne Scheiben schneiden. Zitronensaft, Olivenöl und Senf mit einer Gabel aufschlagen, bis eine leichte Bindung entsteht. Salzen.

Anrichten Die Brötchen quer halbieren. Mit dem Seitan, den Tomatenscheiben und Feldsalat belegen und den Salat mit 1–2 EL Dressing beträufeln. Brotdeckel drauf und guten Appetit!

ZUCCHINI-CREMESUPPE

Für 4 Personen

3 Zucchini
1 Bund glatte Petersilie
Saft von 1 Zitrone
5 EL Olivenöl
3 Zweige Thymian
5 Topinambur
1 mehligkochende Kartoffel
¼ Sellerieknolle
½ Fenchelknolle
500 ml Wasser
50 ml Weißwein
Meersalz

Die grüne Farbe geht durch Hitzeeinwirkung leicht verloren. Deshalb werden die Zucchinischalen mit Petersilie zu einem supergrünen Dressing verarbeitet und erst zum Schluss in die Suppe gegeben. Dadurch erhält die Suppe eine schöne, lebendig grüne Farbe. Das ist zwar ein extra Arbeitsschritt, aber das Ergebnis kann sich im wahrsten Sinne des Wortes sehen lassen. Keep it green!

Die Zucchini waschen, die Enden abschneiden und die Früchte schälen. Die Schalen zusammen mit der grob geschnittenen Petersilie, Zitronensaft, Olivenöl und den Thymianblättern fein pürieren. Topinambur, Kartoffel und Sellerie schälen und grob schneiden. Den Fenchel putzen und würfeln. Das Zucchinifruchtfleisch grob schneiden. Wasser und Wein aufkochen, das Gemüse dazugeben und 15 Minuten kochen lassen. Salzen und alles fein pürieren. Kurz vor dem Servieren das grüne Dressing in die Suppe rühren.

NASI GORENG

MIT ORANGEN-TOFU UND KOHLRABI-APFEL-SALAT

Für 4 Personen

Nasi Goreng:
250 g Langkornreis
400 ml Wasser
4 EL Sonnenblumenöl
Meersalz
150 g Buschbohnen
1 Karotte
15 g Ingwer
1 kleine rote Chilischote
4 EL Tamari (Sojasauce)
1 EL Vollrohrzucker
1 EL Sambal Oelek
1 EL Tomatenmark
1 Bund glatte Petersilie
1 Bund frischer Koriander

Orangen-Tofu:
400 g Tofu
3 EL Rapsöl
200 ml Orangensaft
80 ml Tamari (Sojasauce)
1 Orange

Kohlrabi-Apfel-Salat:
2 kleine Kohlrabi
2 Äpfel (z. B. Pink Lady)
Saft von 1 Zitrone
½ Bund glatte Petersilie
4 EL Distelöl
Meersalz
5 EL Kürbiskerne

Nasi Goreng heißt »gebratener Reis«. Eigentlich lässt sich dieses Gericht auch als eine Art Resteverwertung sehen. Bleibt also einmal Reis übrig oder wenn man extra schon für den nächsten Tag mehr gekocht hat, breitet man den Reis zum Auskühlen aus. Sonst verkleben die Körner, und es lässt sich dann nicht mehr ein schöner lockerer gebratener Reis machen. Anstatt mit Gemüse wird er in Indien zum Beispiel auch nur mit Kreuzkümmel angebraten und dann »Jeera Fried Rice« genannt.

Nasi Goreng Den Reis waschen, abgießen, mit dem Wasser aufsetzen und im geschlossenen Topf 10 Minuten kochen. Von der Herdplatte nehmen und weitere 10 Minuten quellen lassen. Mit 3 EL Öl und Salz würzen und zum Auskühlen auf einem Backblech ausbreiten.
Die Bohnen waschen, putzen und schräg in sehr dünne Scheiben schneiden. Die Karotte schälen und in dünne Stifte schneiden. Den Ingwer schälen und fein hacken. Die Chili halbieren, entkernen und fein hacken. Das restliche Öl in einer großen beschichteten Pfanne erhitzen und das vorbereitete Gemüse darin 5 Minuten anbraten. Den ausgekühlten Reis zugeben. Tamari, Zucker, Sambal Oelek und Tomatenmark einrühren und so lange braten, bis der Reis heiß ist. Die Kräuterblättchen in feine Streifen schneiden und kurz vor dem Servieren unter den Reis ziehen.

Orangen-Tofu Den Tofu in gleichmäßige Rechtecke (2 x 1 cm) schneiden und mit Öl und Orangensaft in eine beschichtete Pfanne geben. Fängt der Tofu an festzukleben, etwas Tamari zugeben, bis der Tofu genug gesalzen ist. Die Sojasauce ganz einkochen lassen und den Tofu noch 3 Minuten anbraten.
Die Orange heiß waschen, trocken reiben und etwas Schale abreiben. Dann mit einem Messer bis auf das Fruchtfleisch schälen, halbieren, den weißen Mittelstrunk und allfällige Kerne entfernen und das Fruchtfleisch in kleine Würfel schneiden. Die Pfanne von der Herdplatte nehmen und die Orangenstücke unterheben.

Kohlrabi-Apfel-Salat Die Kohlrabi schälen und auf dem Gemüsehobel hauchdünn aufschneiden. Die Äpfel waschen, das Kerngehäuse herausstechen und ebenfalls hobeln. Beides mit Zitronensaft, fein geschnittener Petersilie, Öl und Salz locker vermengen und 5 Minuten durchziehen lassen.
In einer beschichteten Pfanne die Kürbiskerne anrösten, bis die Kerne knistern. Über den Salat streuen.

KOKOS-CHIA-PUDDING

MIT BEERENMIX

Für 4 Becher

5 EL Chia-Samen (70 g)
300 ml Wasser
1 Vanilleschote
200 ml Kokosmilch
8 EL Agavendicksaft
250 g Himbeeren
250 g Erdbeeren
3 EL Kakaonibs

Das Coole an Chia-Samen ist, dass man sie einfach nur einweichen muss, und schon können sie gegessen werden. Wichtig ist allerdings, die richtige Menge Flüssigkeit, um die optimale Konsistenz zu erhalten. Die Kokosmilch wird erst am folgenden Tag dazugegeben, um die Konsistenz besser ausgleichen zu können; auch würde sie sonst im Kühlschrank ausflocken. Andernfalls frisches Kokoswasser oder nur Wasser verwenden. Ergibt auch ein tolles Dessert.

Die Chia-Samen über Nacht in dem Wasser einweichen und im Kühlschrank lagern.

Am folgenden Tag die Vanilleschote längs aufschneiden, das Mark herauskratzen, zur Kokosmilch geben und diese auf 30–40 Grad erwärmen, bis sie schön dünnflüssig ist. 4 EL Agavendicksaft dazugeben und vom Herd nehmen. Die Chia-Samen mit der Kokosmilch mischen und in Gläsern anrichten.

Himbeeren und Erdbeeren waschen und putzen. Die Beeren mit 4 EL Agavendicksaft mischen und für 3–5 Minuten auf die noch warme Herdplatte stellen. Sie sollen roh bleiben und nur ein bisschen Saft abgeben. Die Fruchtsauce auf die Chia-Mischung geben. Mit Kakaonibs dekorieren und zimmerwarm servieren.

VEGANER FETA UND GEBRATENE PFIRSICHE

IM GOMASIO-BRÖTCHEN

Für 6 Personen

Veganer Feta:
400 g Tofu
1 Zweig frischer Rosmarin
2 Zweige frischer Oregano
100 ml Wasser
70 g weißes unpasteurisiertes Miso
Saft von 1 Zitrone
Meersalz

Gomasio-Brötchen:
200 g Sojajoghurt
100 ml Wasser
5 EL Sonnenblumenöl
½ Würfel frische Hefe (20 g)
Meersalz
400 g Dinkelmehl (Type 630)
100 g Gomasio (Sesamsalz)

Gebratene Pfirsiche:
3–4 festfleischige Pfirsiche
1 Spritzer Zitronensaft
Meersalz
2 EL Agavendicksaft

Außerdem:
1 Bund Rucola, gewaschen, geputzt

Ein sagenhaftes Rezept vor allem für alle Käseliebhaber, die den veganen Käsesorten mit ihren unaussprechlichen Zutatenlisten nichts abgewinnen können. Ich habe dieses Rezept aus meiner Zeit in Hawaii, von Mark Reinfeld, der das »Blossoming Lotus« auf Kauai betrieben hat.

Veganer Feta Den Tofu in 2 cm große Würfel schneiden. Die Kräuterblättchen von den Stängeln zupfen und zusammen mit Wasser, Miso, Zitronensaft und Salz in einer Schüssel zu einem feinen Dressing verrühren. Den Tofu einlegen und mit Frischhaltefolie abgedeckt 3 Tage im Kühlschrank marinieren lassen.

Gomasio-Brötchen Sojajoghurt, Wasser, Öl, Salz und Hefe gut verrühren und die Hefe auflösen. Das Dinkelmehl einarbeiten und den Teig in einer fest verschließbaren Schüssel 30 Minuten gehen lassen.
Ein Backblech mit Backpapier belegen. Das Gomasio auf einen kleinen Teller geben. Sobald der Teig auf das doppelte Volumen aufgegangen ist, wieder zusammenschlagen und zu einem glatten Teig kneten.
In 6 gleich große Stücke teilen, diese zu Kugeln drehen und sofort im Gomasio wälzen, bis sie ganz damit bedeckt sind. Auf das Backpapier legen, leicht andrücken und 15 Minuten ruhen lassen.
Den Backofen auf 220 Grad vorheizen. Die Brötchen 10 Minuten anbacken, dann die Temperatur auf 190 Grad reduzieren und weitere 8 Minuten fertig backen.

Gebratene Pfirsiche Die Pfirsiche halbieren und den Stein herauslösen. Die Pfirsichhälften mit der Hautseite nach unten in eine beschichtete Pfanne setzen, Zitronensaft und etwas Salz zugeben und zugedeckt bei mittlerer Hitze 6 Minuten anschwitzen. Sind die Pfirsiche fast durch, mit dem Agavendicksaft beträufeln und von der Herdplatte nehmen. Mit geschlossenem Deckel 2–3 Minuten fertig garen lassen.

Fertigstellen Die Brötchen aufschneiden und mit Feta belegen. Die in Scheiben geschnittenen Pfirsiche darauflegen und mit Rucola garnieren.

GEBRATENE SPAGHETTI

MIT TOMATENSAUCE UND FENCHEL-TOMATEN-SALAT

Für 4 Personen

Gebratene Spaghetti mit Tomatensauce:
320 g Spaghetti
Meersalz
5 EL Olivenöl
4 Romatomaten
2 EL Tomatenmark
2 EL Hefeflocken
1 TL Oreganoblättchen
Meersalz

Fenchel-Tomaten-Salat:
2 kleine Fenchelknollen
4 EL Olivenöl
Saft von ½ Orange
Meersalz
80 g eingelegte getrocknete Tomaten
2 Zweige Thymian
½ Bund Basilikum
½ Bund glatte Petersilie

Zucchini:
3 dünne Zucchini
3 EL Olivenöl
50 ml Weißwein
1 TL rosa Pfeffer
2 Lorbeerblätter
Meersalz

Es lohnt sich immer, die ganze Packung Nudeln zu kochen, da sie am nächsten Tag gebraten einfach noch besser schmecken. Wenn noch Sauce vom Vortag übrig ist, diese einfach nach einigen Minuten Bratzeit unterheben und weiterbraten lassen.
In Italien spricht man von »Pasta asciutta«, das heißt von trockener Pasta. Oft werden Nudeln in Sauce ertränkt, was einem Italiener im Herzen weh tut. Pasta sollte als Pasta gegessen werden, ohne dass sie in Sauce schwimmt. Das Gemüse wird hier mit Absicht getrennt serviert, damit die Nudeln – und dabei ist es egal, welche Sorte man verwendet – für sich selbst zur Geltung kommen.

Spaghetti kochen In einem großen Topf gesalzenes Wasser zum Kochen bringen und die Spaghetti je nach Sorte 7–11 Minuten kochen. Abgießen, kalt abschrecken und erkalten lassen.

Fenchel-Tomaten-Salat Den Fenchel putzen, das Grün beiseitelegen, die Knollen halbieren und den Strunk herausschneiden. Den Fenchel hauchdünn in Halbmonde aufschneiden. Mit Olivenöl, Orangensaft und Salz mischen und ziehen lassen.
Die getrockneten Tomaten abtropfen lassen und in ½ cm breite lange Streifen schneiden. Die Thymianblättchen abzupfen. Basilikum und Petersilie fein schneiden und alles unter den Fenchelsalat heben. Mit Salz abschmecken.

Spaghetti braten In einer beschichteten Pfanne 3 EL Olivenöl erhitzen und die Spaghetti anbraten.
Die Tomaten waschen, halbieren, vom Stielansatz befreien und in 1 cm große Würfel schneiden. Tomatenmark, Hefeflocken, Oregano, Salz und 2 EL Olivenöl untermischen und 5 Minuten durchziehen lassen, während die Spaghetti braten.
Die Tomatensauce zu den Spaghetti geben und weitere 8 Minuten braten. Die Pfanne gelegentlich schwenken, bis die Spaghetti knusprig sind und die Sauce gut verteilt ist.

Zucchini Die Zucchini waschen, putzen und in 2 mm dicke Scheiben schneiden. Eine Edelstahlpfanne mit dem Olivenöl erhitzen und die Zucchini darin 2 Minuten braten. Mit Weißwein ablöschen, rosa Pfeffer und Lorbeerblätter zugeben, salzen und von der Herdplatte nehmen. Die Zucchini mit der Resthitze in der Pfanne fertig garen lassen.

GREEN SMOOTHIE

Für 4 Gläser

250 g Feldsalat
½ Ananas
1 Birne
1 kleines Stück Ingwer
Saft von ½ Zitrone
800 ml Wasser

Superfoods nach Wunsch:
½ TL Spirulina, 1 EL Weizengras-
pulver und 2 EL Hanfsamen

Die Zutaten sollten Zimmertemperatur haben, da Smoothies sowieso kühlend auf den Körper wirken und Zutaten direkt aus dem Kühlschrank zu heftig für den Magen sein könnten. Ingwer und Kurkuma wärmen und helfen auszugleichen. Auch wirken sie desinfizierend, was bei rohen Zubereitungen hilfreich sein kann. Eine sanfte Reinigung auf sehr natürliche Art schadet also nicht.

Den Salat waschen und trocken schleudern. Die Ananas schälen, den Mittelstrunk entfernen und das Fruchtfleisch in grobe Stücke schneiden. Die Birne waschen, halbieren, vierteln und entkernen. Die Schale des Ingwers mit einem Löffelchen abschaben und den Ingwer grob schneiden. Alles zusammen mit dem Zitronensaft, dem Wasser und, falls gewünscht, den Superfoods nach Wahl im Mixer auf höchster Stufe 1 Minute zu einem schaumigen Shake pürieren.

PAPRIKA-SELLERIE-SUPPE

Für 4 Personen

800 ml Wasser
2 rote Paprika
2 rote Spitzpaprika
¼ Sellerieknolle
2 Strauchtomaten
1 TL Paprikapulver edelsüß
1 Msp. gemahlene Kurkuma
¼ TL gemahlener Kreuzkümmel
Meersalz
2 Stangen Bleichsellerie
4 EL Olivenöl

Eine leichte Sommersuppe für die Zeit, wenn Paprika frisch, reif und regional verfügbar sind. Die Suppe schmeckt auch kalt oder gekühlt sehr gut, je nach Wetterlage und Gusto.

Das Wasser in einem Topf aufkochen. Inzwischen das Gemüse vorbereiten: Die Paprika halbieren, entkernen, waschen und in grobe Stücke schneiden. Den Knollensellerie schälen und in feine Würfel schneiden. Die Tomaten waschen, halbieren und vom Stielansatz befreien. Das Gemüse in das kochende Wasser geben und 15 Minuten gar kochen. Vom Herd nehmen, die Gewürze einrühren und mit Salz abschmecken. Den Bleichsellerie putzen, waschen, fein schneiden, in die Suppe geben und 2 Minuten durchziehen lassen, dann das Gemüse mit dem Pürierstab fein mixen. Durch ein Sieb in einen zweiten Topf passieren. Die Suppe wieder auf den Herd stellen, das Olivenöl zugießen und noch einmal mit dem Pürierstab hochziehen.

PIZZA

MIT KARTOFFEL-KÄSE UND SPINAT-HIMBEER-SALAT

Für 4 Personen

Pizza mit Kartoffel-Käse:
10 g frische Hefe
270 ml lauwarmes Wasser
70 ml Olivenöl
Meersalz
500 g Dinkelmehl (Type 630)
50 g Hartweizengrieß
300 g vorwiegend festkochende
Kartoffeln
1 TL getrockneter Rosmarin
40 g Hefeflocken
250 g Kirschtomaten
150 g eingelegte getrocknete
Tomaten
1 Zucchini
8 Kräuterseitlinge

Spinat-Himbeer-Salat:
400 g Babyspinat
1 Bund roter Basilikum
4 EL Olivenöl
Saft von 1 Zitrone
40 g Zedernnüsse oder Pinienkerne
1 EL scharfer Senf
Meersalz
150 g frische Himbeeren, verlesen

Zum Servieren:
4 EL Olivenöl
1 Bund Rucola, gewaschen

Eine Alternative zur klassischen Pizza ist eine Pizza Bianca. Sie ist ungewöhnlich knusprig, da keine Tomatensauce darauf ist. Sie kann auch super mit übrig gebliebenen Kartoffeln belegt werden. Pizza ist immer eine wunderbare Möglichkeit, den Kühlschrank zu leeren.

Pizza mit Kartoffel-Käse Die Hefe im Wasser auflösen. 60 ml Olivenöl, Salz, Dinkelmehl und Hartweizengrieß dazugeben und gut durchkneten. In einer fest verschließbaren Schüssel 30 Minuten gehen lassen. Dann den Teig noch einmal durchkneten.

Die Kartoffeln waschen und in der Schale 20 Minuten gar kochen. Abgießen, kalt abschrecken und schälen. Die Kartoffeln leicht zerdrücken und mit dem restlichen Olivenöl, Rosmarin, Hefeflocken und etwas Salz mischen und dabei zu einer trockenen, bröseligen Masse lockern. Die Kirschtomaten waschen und halbieren. Die getrockneten Tomaten trocken tupfen und in feine Streifen schneiden. Die Zucchini waschen, putzen und in 3 mm dünne Scheiben schneiden. Die Pilze putzen und in ½ cm dünne Scheiben schneiden.

Den Backofen auf 220 Grad vorheizen. Ein Stück Backpapier in Größe des Backblechs mit Hartweizengrieß bestreuen. Den Pizzateig halbieren und eine Hälfte darauf ausrollen. Das Backpapier mit dem Teig auf ein Blech heben und den Teigrand leicht nach innen einklappen, damit der Saft nicht ausläuft.

Mit der Hälfte des geschnittenen Gemüses belegen und die Hälfte der Kartoffelbrösel gleichmäßig darüber verteilen. Im Ofen knapp 10 Minuten backen. Ist der Rand golden und knusprig, ist die Pizza fertig. Währenddessen aus dem restlichen Teig und Belag eine zweite Pizza zubereiten und backen.

Spinat-Himbeer-Salat Spinat und Basilikum waschen und trocken schleudern. In einer großen Schüssel Olivenöl, Zitronensaft, Zedernnüsse oder Pinienkerne, Senf und Salz zu einem leichten Dressing verrühren. Den Salat darin wenden, die Himbeeren vorsichtig untermischen und servieren.

Anrichten Die Pizza aus dem Ofen nehmen, mit frischem Olivenöl beträufeln und den Rucola über der Pizza verteilen. In Stücke schneiden und mit dem Salat anrichten.

NUSSZOPF

MIT ERDBEER-VANILLE-KOMPOTT

Für 8 Personen

Zopf:
310 ml Sojamilch Vanille
(Zimmertemperatur)
100 g Rohrohrzucker
1 Würfel frische Hefe (42 g)
50 g pflanzliche Margarine (Alsan,
Zimmertemperatur)
650 g Weizenmehl (Type 405)
1 TL Meersalz
1 Msp. gemahlener Kardamom
125 g geriebene Mandeln
30 g Rohrohrzucker
80 g Rosinen
½ TL gemahlener Piment
¼ TL Zimtpulver

Erdbeer-Vanille-Kompott:
800 g Erdbeeren
5 EL Rohrohrzucker
Saft von ½ Zitrone
2 Vanilleschoten
1 TL Johannisbrotkernmehl
evtl. Margarine

Was macht man als Veganer zu Ostern? Wenn es keine bunten Eier zu suchen gibt und auch die Schokoeier, geschweige denn die Osterhasen wegfallen. Wie wär's dafür mit einem schönen Zopf? Und besonders raffiniert wird er durch das Erdbeerkompott.

Zopf Am Vorabend Sojamilch, Zucker und Hefe in einer großen Rührschüssel mischen und die Hefe auflösen, über Nacht ruhen lassen.
Am nächsten Tag Margarine, Mehl, Salz und Kardamom einarbeiten und zu einem glatten festen Teig kneten. Den Teig in einer fest verschließbaren Schüssel ruhen lassen, bis sich sein Volumen verdoppelt hat.
Die Mandeln, 30 g Zucker, Rosinen, Piment und Zimt mischen.
Den Teig dritteln, zu 30 cm langen Rollen formen und diese flach ausrollen. Mit der Mandelmischung füllen und jeweils wieder zu einer Rolle formen. Die Teigstränge zu einem Zopf flechten, auf ein mit Backpapier belegtes Blech legen und die Endstücke unter den Zopf schieben, damit ein schöner Abschluss entsteht. Das Backblech in einer großen Plastiktüte lagern, bis der Teig wieder aufgegangen ist (dauert ca. 30 Minuten).
Den Backofen auf 180 Grad vorheizen und den Zopf darin 35 Minuten golden backen. Vor dem Aufschneiden auf einem Kuchengitter ganz auskühlen lassen.

Erdbeer-Vanille-Kompott Die Erdbeeren waschen, putzen und halbieren. Die Erdbeeren zuckern und mit Zitronensaft beträufeln. Wenn die Erdbeeren Flüssigkeit gezogen haben, den Saft in eine Schüssel abgießen. Das ausgekratzte Vanillemark und das Johannisbrotkernmehl dazugeben, pürieren und wieder unter die Erdbeeren mischen. Das rohe Kompott nach Belieben mit einer guten Margarine zum Zopf servieren.

ROGGENSAUERTEIGBROT

MIT TAHIN UND GETROCKNETEN TOMATEN

Für 4–6 Personen

Roggensauerteigbrot:
400 g Roggenmehl
400 ml lauwarmes Wasser
1 TL Kreuzkümmel
1 TL Koriandersamen
Meersalz

Belag:
½ Gurke
2 Tomaten
½ Bund Radieschen
1 Avocado
150 g weißes Tahin (Sesampaste)
50 ml Wasser
Saft von ½ Orange
Meersalz
200 g eingelegte getrocknete
Tomaten

Sauerteigbrot selber zu machen ist wirklich ein Kinderspiel. Ab und zu sollte man einen neuen Ansatz machen, damit der Teig frisch bleibt.

Roggensauerteigbrot 100 g Roggenmehl mit 100 ml lauwarmem Wasser mischen und in einer fest verschließbaren Schüssel 24 Stunden an der Wärme ruhen lassen. Unter den Vorteig wieder 100 g Roggenmehl und 100 ml lauwarmes Wasser mischen und für weitere 24 Stunden an der Wärme ruhen lassen. Am dritten Tag mit 200 ml lauwarmem Wasser und 200 g Roggenmehl mischen und weitere 12 Stunden ruhen lassen. Der Sauerteig soll kleine Bläschen bekommen. Dies ist nach jeder Ruhephase gut zu beobachten.
50 g vom Teig abnehmen und in einer fest verschließbaren Schüssel im Kühlschrank lagern. Dies ist der Ansatz für weitere Sauerteigbrote, die dann mit nur 12 Stunden Ruhezeit zubereitet werden können (siehe Tipp). Gewürze und Salz in den Teig einarbeiten und auf einer bemehlten Arbeitsfläche einen runden Laib formen. In einer bemehlten Brotbackform 5 Stunden ruhen lassen.
Den Backofen auf 180 Grad vorheizen. Das Brot vorsichtig auf ein mit Backpapier belegtes Blech stürzen. Im Ofen 10 Minuten anbacken, dann die Hitze auf 180 Grad reduzieren und das Brot weitere 50 Minuten fertig backen (das Brot ist gar, wenn es beim Klopfen auf den Boden hohl klingt). Herausnehmen und auf einem Gitter auskühlen lassen.

Belag Die Gurke mit Salz abrubbeln, kurz abwaschen und dünn aufschneiden. Die Tomaten waschen, halbieren, vom Stielansatz befreien und in Scheiben schneiden. Die Radieschen waschen, putzen und halbieren. Die Avocado halbieren, den Stein entfernen, schälen und in feine Scheiben aufschneiden.
Das Tahin mit Wasser, Orangensaft und Salz mischen und kräftig verrühren. Das Tahin zieht nach einigen Minuten wieder an und wird zu einer streichfreudigen Creme. Die getrockneten Tomaten abtropfen lassen und grob schneiden. Das Brot in Scheiben schneiden, mit der Tahincreme bestreichen, mit den Tomaten belegen und die übrigen Zutaten dazu reichen.

Tipp: Um weitere Brote zu backen, mischt man den beiseitegestellten Ansatz mit 350 g Roggenmehl und 300 ml Wasser. Davon wiederum 50 g abnehmen und kalt stellen. Den Teig in einer verschlossenen Schüssel 12 Stunden ruhen lassen. Einen Laib formen und backen. Dies kann man unendlich wiederholen. Der Teig soll allerdings immer gut riechen, leicht säuerlich schmecken und kleine Bläschen bilden.

ARTISCHOCKEN

MIT KRÄUTERVINAIGRETTE

Für 4 Personen

4 große Artischocken
Meersalz
1 Schuss Apfelessig

Vinaigrette:
Saft von 2 Zitronen
1 Bund glatte Petersilie
2 Zweige Rosmarin
2 Zweige Estragon
¼ Bund Pfefferminze
80 ml Olivenöl
4 EL Agavendicksaft
1 EL körniger Senf
Meersalz

Dieses einzigartige Distelgemüse wird eher selten gekauft und zubereitet, vor allem weil das Schälen, um an das Herz zu kommen, so aufwendig ist. Deshalb ist es eine schöne Idee, einfach mit Gästen zusammenzusitzen und gemeinsam zu tunken, während man sich dem Herz nähert. Artischocken schmecken lecker und enthalten sehr viel Eisen. Love it!

Den Stiel der Artischocken frisch anschneiden und die Artischocken in einem großen Topf mit kochendem, gesalzenem Essigwasser 20–25 Minuten gar kochen. Wenn man mit einer Gabel am Stielansatz leicht einstechen kann, sind sie gar.

Vinaigrette Den Zitronensaft, die abgezupften Kräuterblättchen und die restlichen Zutaten in einem hohen Gefäß zu einer feinen Sauce pürieren. Mit Salz abschmecken.

Servieren Die Artischocken abgießen, mit kaltem Wasser kurz abschrecken und abtropfen lassen. Der Stiel kann nun ganz abgeschnitten werden, damit die Artischocken auf dem Teller aufrecht stehen. Zum Essen werden die Blätter abgezupft, das fleischige, untere Ende tunkt man in die Kräutersauce und zieht das Fruchtfleisch mit den Zähnen ab. Sind alle Blätter bis zum Herz der Artischocke abgezupft, entfernt man mit einem kleinen Löffel die faserigen Härchen und isst schließlich noch das Herz. Für die abgenagten Blätter eine Schüssel auf den Tisch stellen.

DREIERLEI BRUSCHETTA

Für 4 Personen

Auberginenkaviar:
1 Aubergine
1 Zweig Rosmarin
Saft von ½ Zitrone
4 EL Olivenöl
Meersalz

Tomaten-Basilikum-Belag:
2 frische reife Tomaten
2–3 Zweige Basilikum
4 EL Olivenöl
Meersalz

Avocadocreme:
2 kleine reife Avocados
Saft von ½ Zitrone
Saft von ½ Orange
3 EL Olivenöl
Meersalz

Außerdem:
½ toskanisches Weißbrot
oder 500 g Baguette

Ich weiß nicht, wie viele tausend Bruschette ich in meinen zwanzig Jahren Partyservice schon belegt habe. Doch eins ist sicher, »good things never get old«. Ein feiner Snack, für Partys oder zum Aperitif, und die Cremes und Aufstriche können zu so gut wie allem gereicht werden, etwa um ein Abendessen ein bisschen aufzupeppen oder als feiner Aufstrich aufs Brot. Daher lohnt es sich, davon etwas mehr zu machen.

Auberginenkaviar Den Backofen auf 200 Grad vorheizen. Die Aubergine auf ein Backblech legen und im Ofen 25 Minuten backen, bis sie ganz weich ist. Herausnehmen, mit einem Messer halbieren, das Fruchtfleisch mit einem Löffel herauskratzen und fein hacken. Den klein geschnittenen Rosmarin, Zitronensaft und Olivenöl untermischen. Mit Salz abschmecken und in einer Schüssel bereitstellen.

Tomaten-Basilikum-Belag Die Tomaten waschen, halbieren, vom Stielansatz befreien und in kleine Würfel schneiden. Die Basilikumblätter abzupfen und in feine Streifen schneiden. Tomaten und Basilikum vermengen und mit Olivenöl und Meersalz würzen.

Avocadocreme Die Avocados halbieren, den Stein entfernen und die Hälften schälen. Die Avocadohälften mit Zitronen- und Orangensaft, Olivenöl und Salz mischen und mit einer Gabel zu einer groben Paste zerdrücken. Um die Creme vor Oxidation zu schützen, einfach die Avocadosteine wieder in die Creme legen.

Fertigstellen Das Brot in dünne Scheiben schneiden, auf ein Backblech legen und im heißen Ofen bei 180 Grad leicht rösten. Herausnehmen. Die verschiedenen Toppings auf die Brotscheiben verteilen und warm und knusprig servieren.

Oben von links nach rechts:
Auberginenkaviar, Tomaten-Basilikum-Belag, Artischocken;
unten: Acovadocreme und Kräutervinaigrette

AUSTERNPILZE UND ROTE-BETE-ERDBEER-SALAT

MIT ZUCKERSCHOTEN UND SÜSSEM REIS

Für 4 Personen

Süßer Reis:
250 g süßer Reis
450 ml Wasser
Meersalz
2 EL Rapsöl

Rote-Bete-Erdbeer-Salat:
3 kleine Rote Beten (Randen)
250 g Erdbeeren
3 EL Sonnenblumenöl
Saft von ½ Zitrone
Meersalz, Pfeffer aus der Mühle

Zuckerschoten:
250 g Zuckerschoten
Meersalz
1 Msp. Natron
1 EL Olivenöl

Austernpilze:
400 g Austernpilze
50 g Mandeln
2 EL Sonnenblumenöl
Meersalz
4 EL Olivenöl
Saft von ½ Zitrone
1 Bund glatte Petersilie
½ TL gestoßener schwarzer Pfeffer

Der Rote-Bete-Salat ist die Spezialität einer wundervollen Frau in meinem Leben, und ich durfte das Rezept klauen. Danke, Judi! Die leichte Säure der Erdbeeren ist einfach genial zu den Roten Beten, sie fallen erst gar nicht so recht auf, beziehungsweise man weiß nicht, woran es liegt – aber der Salat ist einfach genial. Ich habe diesen Salat auch schon mit Blaubeeren, schwarzen Trauben und Preiselbeermarmelade gemacht. Alles super, aber kein Vergleich zu den Erdbeeren.

Süßer Reis Den Reis waschen und abtropfen lassen. Mit 450 ml Wasser aufsetzen und im geschlossenen Topf 20 Minuten köcheln lassen. Dann auf der ausgeschalteten Herdplatte weitere 10 Minuten quellen lassen. Salz und Öl zugeben, den Reis mit einer Gabel auflockern und einige Minuten ausdampfen lassen.

Rote-Bete-Erdbeer-Salat Die Roten Beten schälen und fein reiben (dafür am besten Wegwerfhandschuhe anziehen). Die Erdbeeren waschen, putzen, in Viertel schneiden und zur Roten Bete geben. Öl, Zitronensaft, Salz und Pfeffer locker untermischen und einige Minuten ziehen lassen.

Zuckerschoten Die Zuckerschoten waschen, entfädeln und in kochendem gesalzenem Wasser mit Natron 4 Minuten bissfest garen. Abgießen, kurz abschrecken und abtropfen lassen. Mit Olivenöl und Salz abschmecken.

Austernpilze Die Stiele der Austernpilze kürzen und klein hacken. Zusammen mit den grob gehackten Mandeln, mit Salz bestreut, im heißen Sonnenblumenöl knusprig braten und beiseitestellen. Die Pilzhüte portionsweise zuerst auf der Außenseite 4 Minuten scharf anbraten, dann kurz auf die Lammellenseite wenden und auf einen Servierteller legen. Olivenöl, Zitronensaft, grob geschnittene Petersilie und Salz in ein hohes Gefäß geben und zu einem dicken Dressing pürieren. Den Pfeffer dazugeben und gut unterrühren. Die Pilze mit dem Dressing beträufeln und die gebratene Pilzstielmischung darüberstreuen.

WINTER

DINKEL-BANANEN-PORRIDGE

MIT PEKANNÜSSEN

Für 4 Personen

130 g Dinkelflocken
4 EL Palmzucker
250 ml Wasser
300 ml Dinkelmilch
1 Stück Ingwer (30 g)

Zum Servieren:
200 ml Dinkelmilch
3 Bananen
50 g Pekannüsse
20 g Kakaopulver
Zimtpulver

Hier ein weiteres Porridge-Rezept. Grundsätzlich bleibt es bei Flocken und einer Milch, in der diese gekocht werden, und dazu gibt es Obst. Damit will ich zeigen, wie leicht dieses Gericht variiert werden kann. Es reicht, sich etwas anderes aus dem Regal zu greifen. Die Unterschiede sind groß, wenn man bedenkt, dass es eigentlich immer dasselbe ist, was man isst.

Die Dinkelflocken in einem Topf leicht anrösten. Palmzucker, Wasser, Dinkelmilch und den geschälten, gehackten Ingwer dazugeben und 15 Minuten leise köcheln lassen.

Zum Fertigstellen Die Dinkelmilch erhitzen. Die Bananen schälen und in Scheiben schneiden. Die Pekannüsse mit der flachen Messerklinge leicht aufbrechen.
Die heiße Dinkelmilch, Bananen und Nüsse unter das Porridge rühren. Mit Kakao und Zimt bestäuben.

KARTOFFEL-KERBEL-SUPPE

Für 4 Personen

500 g mehligkochende Kartoffeln
2 Karotten
¼ Sellerieknolle
1 Pastinake
3 EL Sonnenblumenöl
50 ml Weißwein
1,2 l Wasser
Meersalz
1 TL Kümmel
2 Bund Kerbel

Eine frische schnelle Suppe ist erstklassig, und auf der Basis von Kartoffeln macht sie auch satt und ist nicht nur eine Vorspeise. Kerbel verleiht hier den besonderen Twist. Es ist aber wichtig, diesen erst kurz vor dem Servieren in die Suppe zu geben, sonst verkocht er und wird unschön braun. Wenn man die Suppe in Einzelportionen anrichtet, kann man den Kerbel auch einfach in die Teller oder Suppenschalen geben, sodass auch bei einem allfälligen Suppenrest die Farbe erhalten bleibt.

Kartoffeln und Gemüse waschen, schälen und würfeln. Das Öl in einem großen Topf erhitzen und das Gemüse 7 Minuten darin anschwitzen. Mit Weißwein und Wasser ablöschen und 15 Minuten leise kochen lassen. Mit dem Pürierstab durchmixen, dann erst salzen und den Kümmel zugeben. Mit geschlossenem Deckel 5 Minuten ziehen lassen.
Den Kerbel waschen, trocken tupfen, grob hacken, in die Suppe einrühren und servieren.

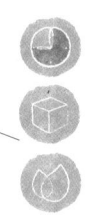

SEITAN MIT AUBERGINEN

SCHWARZWURZELN, GRÜNKOHLGEMÜSE UND QUINOA

Für 4 Personen

Quinoa:
300 g Quinoa
300 ml Wasser
2 EL Olivenöl
Meersalz

Gebackene Schwarzwurzeln:
400 g Schwarzwurzeln
8 EL Apfelessig
30 g Ingwer
2 Stängel Zitronengras
4 EL Sesamöl
Meersalz

Seitan mit Auberginen:
2 Auberginen
2 EL Sesamöl nativ
50 ml Weißwein
30 ml Wasser
Meersalz
400 g Seitan in Stücken (Yakso)
4 EL Olivenöl
5 EL Shoyu (Sojasauce)
½ TL gemahlener Kreuzkümmel
½ TL Paprikapulver edelsüß

Grünkohl-Meerrettich-Gemüse:
350 g Grünkohl
Meersalz
1 Msp. Natron
50 g frischer Meerrettich
2 EL Sonnenblumenöl
Saft von ½ Zitrone

Seitan mit Auberginen ist eine Interpretation eines Lieblingsgerichts aus einem kleinen veganen Restaurant in München, das es inzwischen leider nicht mehr gibt. Das »Au Lac«, ein Asialokal, das vor dem großen Vegan-Boom allerlei witzige Gerichte anbot: etwa vegetarisches Rind oder vegetarische Ente, Seitan in Form gepresst, ganz nach dem Prinzip der Imitation. Ideal für alle, die gerade erst umstellten und den Fleischgeschmack noch vermissten.

Quinoa Das Quinoa waschen, abtropfen lassen und mit dem Wasser zum Kochen bringen. Im geschlossenen Topf 10 Minuten leise kochen lassen. Von der Herdplatte nehmen und 10 Minuten quellen lassen. Mit Olivenöl und Salz abschmecken, mit einer Gabel auflockern und ohne Deckel ausdampfen lassen.

Gebackene Schwarzwurzeln Den Backofen auf 220 Grad vorheizen. Die Schwarzwurzeln unter fließendem Wasser schälen und in eine Schüssel mit Essigwasser legen. Den Ingwer mit einem kleinen Löffel schälen und fein hacken. Das Zitronengras mit dem Messerrücken klopfen, bis er aufspringt. Eine Backform mit dem Zitronengras auslegen. Die Schwarzwurzeln in 5 cm lange Stücke schneiden und in die Form geben. Ingwer, Öl und Salz hinzufügen. Im Ofen 12 Minuten garen.

Seitan mit Auberginen Die Auberginen waschen und in 3 cm dicke Scheiben schneiden. In einer beschichteten Pfanne in Sesamöl, Weißwein und einem Schuss Wasser mit geschlossenem Deckel 5 Minuten garen. Wenden und weitere 4 Minuten ohne Deckel braten lassen, bis die Flüssigkeit verdampft ist und die Auberginen leicht Farbe bekommen haben. Zum Auskühlen auf einen Teller legen.
Den Seitan grob zerkleinern und in der gleichen Pfanne im heißen Olivenöl zusammen mit dem Shoyu scharf anbraten. Kreuzkümmel und Paprika beifügen und die Auberginenscheiben unterheben. Von der Herdplatte nehmen.

Grünkohl-Meerrettich-Gemüse Den Grünkohl waschen, abtropfen lassen und die Blätter mit Daumen und Zeigefinger von den Rispen ziehen. In reichlich kochendem Salzwasser mit Natron 4 Minuten garen. Abgießen, kurz abschrecken, abtropfen lassen und den Grünkohl mit den Händen auspressen. Den Meerrettich schälen und über den Grünkohl reiben. Mit Öl, Zitronensaft und Salz würzen und gut vermengen.

VANILLE-BLAUBEER-JOGHURT

MIT GERÖSTETEN KOKOSFLOCKEN

Für 4 Personen

500 g Blaubeeren
2 Bananen
1 Vanilleschote
1 Mini-Rote-Bete (Rande),
ca. 50–80 g
800 g Sojajoghurt ohne Zucker
(Sojade)
100 ml Reissirup
80 g Kokosflocken
30 g Palmzucker

Ich liebe Blaubeerjoghurt, doch in den fertigen Produkten ist mir einfach zu viel Zucker drin. Dieses Rezept ist easy, superschnell und eine saubere Sache. Wenn man keine große Kochlust hat und einfach etwas Süßes als Abschluss nach einem schönen Abendessen haben möchte, ist dieser Blaubeerjoghurt auch als Nachtisch eine feine Sache.

Die Blaubeeren waschen und abtropfen lassen. Die Bananen schälen und in einer großen Schüssel mit einer Gabel fein zerdrücken. Die Vanilleschote halbieren und das Mark auskratzen. Die Rote Bete schälen und auf einer sehr scharfen Reibe (ideal sind die Microplane-Reiben) fein raspeln, den entstehenden Saft mit Bananen, Vanillemark, Joghurt und Reissirup verrühren.
Die Kokosflocken in einer beschichteten Pfanne unter ständigem Rühren bei mittlerer Temperatur mit dem Palmzucker golden anrösten.
Die Blaubeeren unter den Joghurt heben und mit den Kokosflocken bestreuen.

GRÜNKERNBRATLINGE

MIT DINKELSAUERTEIGBRÖTCHEN, CHAMPIGNON-AUFSTRICH UND ROTEM KOPFSALAT

In den Achtzigerjahren zählte er zu den Hits der vegetarischen Küche. Doch seit einigen Jahren ist der gute Grünkern aus der Mode gekommen. »It's time to bring him back!«

Für 4 Personen

Dinkelsauerteigbrötchen:
50 g Roggensauerteig-Ansatz
siehe Seite 104
350 g Roggenmehl
300 ml lauwarmes Wasser
Meersalz
1 TL Oreganoblättchen
150 g eingelegte getrocknete
Tomaten

Grünkernbratlinge:
150 g Grünkernschrot
400 ml Wasser
1 Karotte
1 Petersilienwurzel
1 Zucchini
2 Bund glatte Petersilie
½ TL Oreganoblättchen
Meersalz
2 EL Hefeflocken (Naturata)
2 EL Dinkelmehl (Type 630)
3 EL Rapsöl

Champignonaufstrich:
250 g braune Champignons
80 g pflanzliche Margarine (Alsan)
1 Bund glatte Petersilie
1 Zweig Rosmarin
Meersalz
80 g Hefeflocken (Naturata)

Außerdem:
½ Kopf roter Kopfsalat

Dinkelsauerteigbrötchen Am Vorabend den Roggensauerteig mit Mehl und Wasser mischen und gründlich verkneten. In einer fest verschließbaren Schüssel über Nacht an einem warmen Ort ruhen lassen.

Grünkernbratlinge Den Grünkern ebenfalls am Vorabend mit kochendem Wasser übergießen und mit geschlossenem Deckel quellen lassen.

Brötchen fertigstellen Am folgenden Tag 50 g Sauerteig abnehmen und luftdicht verschlossen als neuen Teigansatz wieder im Kühlschrank lagern.
Den restlichen Teig mit Salz, Oregano und den abgetropften, fein geschnittenen getrockneten Tomaten verkneten. Daraus 8 gleich große Teiglinge formen. Auf einem mit Backpapier belegten Backblech in einer großen Plastiktüte nochmals 20 Minuten gehen lassen.
Den Backofen auf 220 Grad vorheizen. Die Teiglinge im Ofen 10 Minuten anbacken. Dann die Hitze auf 190 Grad reduzieren und weitere 15 Minuten fertig backen. Auf einem Kuchengitter ausdampfen lassen.

Champignonaufstrich Die Pilze putzen und in ½ cm dicke Scheiben schneiden. 2–3 Esslöffel Margarine in einer Pfanne erhitzen und die Pilze kurz anbraten. Vom Herd nehmen. Die restliche Margarine dazugeben und mit der Resthitze in der Pfanne schmelzen lassen.
Die Petersilienblättchen grob schneiden, die Rosmarinnadeln abzupfen und beides zu den Pilzen geben. Salzen, mit den Hefeflocken binden und bis zum Gebrauch kühl stellen.

Bratlinge fertigstellen Das Gemüse putzen, grob reiben und mit der gehackten Petersilie, Oregano, Salz, Hefeflocken und Mehl vermengen. Den Grünkern untermischen und die Masse 5 Minuten ziehen lassen. Mit angefeuchteten Händen daraus 8 Bratlinge formen und diese in einer beschichteten Pfanne im heißen Öl beidseitig etwa 10 Minuten braten.

Fertigstellen Den Salat grob zerzupfen, waschen und trocken schleudern. Die Brötchen quer halbieren, mit der Pilzpaste bestreichen, einen Bratling darauflegen, mit Salat garnieren und den Deckel auflegen.

BLUMENKOHL UND GELBE LINSEN

MIT ZITRONEN-MANGO-REIS

Für 4 Personen

Zitronen-Mango-Reis:
300 g Thaibonnet-Langkornreis
500 ml Wasser
1 reife Mango
1 Zitrone
Meersalz
3 EL Sesamöl nativ

Gelbe Linsen:
160 g gelbe Linsen
½ TL Kurkuma
500 ml Wasser
3 EL weißes Miso (Shiro Miso)
2 EL Sesamöl
1 Bund frischer Koriander

Blumenkohl:
1 kleiner Blumenkohl
100 g pflanzliche Margarine (Alsan)
50 g Semmelbrösel
3 EL Hefeflocken (Naturata)
Meersalz

Kohlrabi:
2 kleine Kohlrabi
3 EL Olivenöl
Saft von ½ Zitrone
Meersalz
1 TL rosa Pfeffer

Blumenkohl lässt sich auf verschiedene Art zubereiten. Beispielsweise gekocht mit Essig und Öl als lauwarmer Salat, gebacken mit Zitrone oder einer Currypaste, gebraten, roh gerieben als Salat oder als rohe Reis-alternative für rohe Maki-Röllchen. Doch diese Brösel-Version ist wohl der Klassiker. Ebenso wie Blumenkohl lassen sich auch andere Gemüse-sorten variieren. Man muss sich nur trauen, damit zu spielen und etwas zu riskieren!

Zitronen-Mango-Reis Den Reis waschen und abtropfen lassen. Mit dem Wasser aufsetzen und im geschlossenen Topf 10 Minuten köcheln lassen.
Nebenbei die Mango schälen, das Fruchtfleisch vom Stein schneiden und klein würfeln. Die Zitrone heiß waschen, trocken reiben und die Schale abreiben, den Saft auspressen.
Den Reis von der Herdplatte nehmen und weitere 10 Minuten quellen lassen. Sesamöl, Salz, Mangowürfel, Zitronenschale und -saft unter-mischen und den Reis mit einer Gabel auflockern.

Gelbe Linsen Die Linsen zusammen mit dem Kurkuma in kochendem Wasser 12–15 Minuten gar kochen. Abgießen, mit kaltem Wasser kurz abschrecken und abtropfen lassen. Wieder in den Topf geben und mit Miso, Sesamöl und dem in Streifen geschnittenen Koriander vermengen.

Blumenkohl Den Blumenkohl putzen, in Röschen teilen und in kochendem gesalzenem Wasser 3–5 Minuten garen. Abgießen, kurz abschrecken und abtropfen lassen.
Die Margarine in einer beschichteten Pfanne schmelzen. Semmelbrösel und Hefeflocken darin leicht anbraten. Salzen und die Pfanne von der Herdplatte nehmen. Vorsicht, dass die Brösel in der Resthitze der Pfanne nicht verbrennen. Den Blumenkohl mit der Hälfte der Semmelbrösel vermischen. Die restlichen Brösel erst beim Servieren darüberstreuen.

Kohlrabi Die Kohlrabi schälen, grob würfeln und in gesalzenem Wasser 6–7 Minuten knapp gar kochen. Abgießen, mit kaltem Wasser abschrecken und gut abtropfen lassen, dann pürieren. Olivenöl, Zitronensaft, Salz und rosa Pfeffer unterrühren.

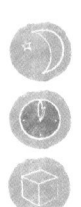

BAGUETTEBRÖTCHEN

MIT ROTE-BETE-AUFSTRICH UND KRÄUTERSEITLINGEN

Für 4 Personen

Rote-Bete-Aufstrich:
125 g Sonnenblumenkerne
1 kleine Rote Bete (Rande)
15 g frischer Meerrettich
Saft von ½ Zitrone
2 EL Olivenöl
Meersalz
1 Zweig Zitronenmelisse
1 Zweig Thymian

Baguettebrötchen:
250 ml handwarmes Wasser
½ Würfel frische Hefe
Meersalz
500 g Dinkelmehl (Type 630)

Kräuterseitlinge:
400 g Kräuterseitlinge
4 EL Olivenöl
Meersalz, schwarzer Pfeffer
aus der Mühle

½ Kopf grüner Friséesalat
zum Anrichten

Es sind oft die kleinen Dinge, die den Effekt machen. Wie zum Beispiel hier die Pilze, die einfach mit Salz und Pfeffer ein Gedicht sind. Sie gehen sehr schnell und können zu praktisch allem serviert werden.
Schauen Sie immer wieder mal im Kühlschrank oder Vorratsschrank nach, und brauchen Sie regelmäßig alle Bestände auf. Denn die größte Lebensmittelverschwendung findet nicht, wie vielleicht vermutet, im Supermarkt statt, sondern im privaten Haushalt.

Rote-Bete-Meerrettich-Aufstrich Die Sonnenblumenkerne über Nacht in Wasser einweichen. Am nächsten Tag abgießen, waschen und in ein hohes Gefäß geben. Die Rote Bete schälen und auf einer scharfen Haushaltsreibe (ideal sind die Microplane-Reiben) fein raspeln. Den Meerrettich schälen und ebenfalls fein raspeln. Den Zitronensaft mit Olivenöl und Salz zu einer feinen Paste pürieren. Alles gut verrühren. Die Zitronenmelissenblätter waschen, trocken tupfen und in feine Streifen schneiden. Die Thymianblätter abzupfen und beides unter die Paste mischen.

Baguettebrötchen Wasser, Hefe und Salz mischen und die Hefe auflösen, das Mehl einarbeiten und 5 Minuten kneten. Den Teig in einer fest verschließbaren Schüssel 20 Minuten ruhen lassen. Danach auf einer bemehlten Arbeitsfläche ein weiteres Mal durchkneten. Den Teig in 6 gleich große Stücke teilen, zu Teiglingen drehen und diese zu länglichen Brötchen mit spitzen Enden formen. Mit der Nahtseite nach unten auf ein mit Backpapier belegtes Blech legen. Das Backblech in eine große Plastiktüte geben und 20 Minuten ruhen lassen.
Den Backofen auf 220 Grad vorheizen. Die Brötchen mit einem scharfen Messer schräg 2 cm tief einschneiden und im Backofen 7 Minuten anbacken. Dann die Ofentemperatur auf 180 Grad reduzieren, die Brötchen mit Wasser bestreichen und weitere 10 Minuten golden backen.

Kräuterseitlinge Die Pilze längs in 8 mm dicke Scheiben schneiden und in einer beschichteten Pfanne im heißen Öl beidseitig leicht anbräunen. Aus der Pfanne nehmen und mit Pfeffer und Salz würzen.

Anrichten Den Salat waschen, trocken schleudern und in grobe Stücke zerpflücken. Die Brötchen längs aufschneiden, mit der Paste bestreichen, Pilze und Salatblätter darauflegen. Mit dem Brötchenoberteil bedecken.

TOSKANISCHE TOMATENCREMESUPPE

MIT CROÛTONS, BASILIKUM UND SAHNESCHAUM

Für 4 Personen

70 g altbackenes Weißbrot
250 ml Sojamilch Natur
1 Karotte
¼ Sellerieknolle
6 EL Olivenöl
6 reife Strauchtomaten
1 Dose geschälte Tomaten (400 g)
2 EL Tomatenmark
1 kleine getrocknete Chilischote
400 ml Wasser
Meersalz
1 TL Oreganoblättchen

Croûtons:
100 g frisches Weißbrot, in hauchdünne Scheiben geschnitten
3 EL Olivenöl

Außerdem:
100 ml Sojasahne (Cresoy)
Basilikumblätter als Garnitur

Es empfiehlt sich, die Suppe am Tag vorher zuzubereiten, da sie am nächsten Tag einfach süßer und kräftiger schmeckt. Genial auch als Mitternachtssuppe, wenn es zuhause mal ein Gelage gibt und die Gäste nach einer Menge Spaß einfach noch etwas Warmes im Bauch brauchen, um nach Hause zu kommen.

Das altbackene Brot würfeln und in der Sojamilch einweichen. Karotte und Sellerie putzen, fein würfeln und in einem Topf im heißen Olivenöl anbraten. Die Strauchtomaten waschen, vom Stielansatz befreien, grob würfeln und mit den Dosentomaten in den Topf geben. 5 Minuten anbraten, dann das Tomatenmark und die zerbröselte Chilischote dazugeben und 5 Minuten einkochen lassen. Das eingeweichte Brot samt der Sojamilch sowie das Wasser zur Suppe geben. Salzen, den Oregano zugeben und alles bei mittlerer Hitze 20 Minuten köcheln lassen, dabei immer wieder umrühren, damit die Suppe nicht anbrennt.

Croûtons Den Backofen auf 220 Grad vorheizen. Das frische Weißbrot mit dem Olivenöl bestreichen und im vorgeheizten Ofen 6 Minuten knusprig braun rösten.

Fertigstellen Die Sojasahne nach Belieben aufschlagen. Die Suppe mit dem Pürierstab gut durchmixen und noch einmal abschmecken. In Suppenschüsseln anrichten, mit Sojasahne, Croûtons und Basilikumblättern garnieren.

KARTOFFELKNÖDEL

MIT BRATENSAUCE UND ROTE-BETE-SALAT

Für 4 Personen

Rote-Bete-Salat:
2 Rote Beten (Randen)
3 EL Distelöl
2 EL weißer Balsamicoessig
Meersalz, schwarzer Pfeffer
aus der Mühle
1 saurer Äpfel (z. B. Boskop, Elstar
oder Golden Delicious)

Kartoffelknödel:
100 g trockenes Weißbrot
2 EL Sonnenblumenöl
2 kg mehligkochende Kartoffeln
Meersalz

Bratensauce:
2 Karotten
¼ Sellerieknolle
1 Pastinake
6 braune Champignons
4 EL Sonnenblumenöl
3 EL Tomatenmark
50 ml Rotwein
40 ml Shoyu oder Tamari
(Sojasauce)
600 ml Wasser
3 Lorbeerblätter
Meersalz, schwarzer Pfeffer
aus der Mühle
½ Bund Thymian
½ Bund Rosmarin

Meistens sind Fertigprodukte überflüssig. Es dauert oft kein bisschen länger, sein Essen selber zu machen. Kartoffeln reiben und nebenbei Kartoffeln kochen, geht einfach Hand in Hand. Und was für ein Genuss, wenn man Knödel selber zubereitet hat! Das Aroma, der Geschmack sind wunderbar, einfach, ehrlich. Klar bleiben dabei die Hände nicht ganz sauber, aber wie glücklich sind Hände, die anfassen dürfen, die drücken und rühren, schnippeln und fühlen dürfen.

Rote-Bete-Salat Die Roten Beten waschen und in Wasser 30 Minuten gar kochen. Abgießen und in kaltem Wasser ruhen lassen. Die Schale abziehen. Die Beten würfeln und mit Öl, Essig, Salz und Pfeffer zu einem Salat mischen. Den Apfel schälen, vierteln, entkernen, in kleine Würfel schneiden und zum Salat geben.

Kartoffelknödel Das Weißbrot fein würfeln und in einer Pfanne im heißen Öl langsam rösten. Herausnehmen und auskühlen lassen. Die Kartoffeln waschen und schälen. 250 g davon vierteln und in Salzwasser 10 Minuten gar kochen, abschrecken, abgießen und fein stampfen. Die restlichen Kartoffeln fein reiben und leicht salzen (schnell arbeiten, da die Kartoffeln sonst schnell braun werden). Portionsweise in ein Küchentuch einschlagen und fest ausdrücken. Sie sollen so viel Wasser wie möglich verlieren. Die ausgepressten Kartoffeln mit den gekochten Kartoffeln mischen.

Bratensauce Den Backofen auf 220 Grad vorheizen. Karotten, Sellerie und Pastinake schälen und grob würfeln. Die Pilze putzen und ebenfalls würfeln. Alles mit dem Öl mischen und im vorgeheizten Ofen 15 Minuten rösten. Das Tomatenmark einrühren, mit Rotwein und Sojasauce ablöschen und mit dem Wasser so weit aufgießen, dass das Gemüse knapp bedeckt ist. Die Lorbeerblätter zugeben und die Sauce 15 Minuten leise einkochen lassen. Durch ein Passiersieb zurück in den Topf geben. Mit Salz abschmecken und die Kräuter in die Sauce legen, damit sie Geschmack abgeben. Nach 5 Minuten die Kräuter entfernen.

Fertigstellen der Knödel Einen großen Topf mit gesalzenem Wasser zum Kochen bringen. Aus dem Knödelteig mit angefeuchteten Händen Knödel von 6–8 cm Durchmesser formen. Dabei in die Knödelmitte ein paar Croûtons geben. Die Knödel in das kochende Wasser legen, die Hitze zurückschalten und 15 Minuten ziehen lassen. Sie sind gar, wenn sie an die Oberfläche steigen. Herausheben und abtropfen lassen.

REISPÄCKCHEN

MIT KOKOSFLOCKEN UND BANANEN

Für 4 Personen

125 g Jasminreis
200 ml Wasser
3 Bananen
Saft von 1 Zitrone
150 g Kokosflocken
5 EL Rohrohrzucker

In Indonesien bekommt man diese kleinen Reispäckchen für 2000 Indonesische Rupien, das sind 12 Cent. Ein genialer kleiner Snack, der auch gut mitgenommen werden kann. Der Reis kann bereits am Abend vorher gekocht werden, oder man verwendet einen Reisrest, der am Vorabend übrig geblieben ist. Das macht alles noch einfacher.

Den Reis gründlich waschen, abtropfen lassen und mit den 200 ml Wasser 10 Minuten leise köcheln lassen. Von der Herdplatte nehmen und mit geschlossenem Deckel weitere 10 Minuten quellen lassen. Die Bananen schälen, mit einer Gabel leicht zerdrücken und den Zitronensaft unterrühren.
Die Kokosflocken leicht anrösten und alles mischen. Aus der Masse etwa 8 Stücke formen (ca. 3 cm dick, 3 cm breit, 8 cm lang). In passend zurechtgeschnittene Backpapierblätter einwickeln und bis zum Verzehr kalt stellen.

FEIGEN MIT BALSAMICOREDUKTION

SCHWARZWURZEL-GRAPEFRUIT-SALAT UND PFANNENBROT

Für 4 Personen

Pfannenbrot:
5 g frische Hefe
200 ml lauwarmes Wasser
6 EL Olivenöl
300 g Dinkelmehl (Type 630)
Meersalz
1 Bund glatte Petersilie
½ gestrichener TL Oreganoblätter
2 EL weißer Sesam

Feigen mit Balsamicoreduktion:
3 EL weißer Balsamicoessig
3 EL Rohrohrzucker
Meersalz
1 Zweig Rosmarin
6 frische Feigen

Schwarzwurzel-Grapefruit-Salat:
400 g Schwarzwurzeln
Apfelessig
2 Pink Grapefruits
Saft von 1 Zitrone
½ Bund glatte Petersilie
Meersalz
4 EL Sonnenblumenöl

Schwarzwurzeln roh als Salat sind eine Neuheit – sie schmecken ganz anders als gekocht, knackig und frisch. Die Grapefruits helfen beim Vorverdauen der bissfesten Wurzel. Das Pfannenbrot ist aus einer Notlösung entstanden. Bekannt sind Chapatis, ungesäuertes Brot, das schnell und einfach in der Pfanne gemacht wird. Doch ob das auch mit Hefebrot funktionieren würde? Es hat. Lassen Sie sich überraschen!

Pfannenbrot Die Hefe im lauwarmen Wasser auflösen, 2 EL Öl zugeben und das Mehl einarbeiten. Den Teig salzen, die grob geschnittene Petersilie dazugeben und 5 Minuten kneten. Den Teig in einer fest verschließbaren Schüssel 15 Minuten an einem warmen Ort gehen lassen. Noch einmal durchkneten. Daraus 5 Kugeln (ca. 5 cm Durchmesser) formen und 10 Minuten auf der bemehlten Arbeitsfläche ruhen lassen. Eine beschichtete Pfanne (mit Deckel) erhitzen. 2 EL Öl zugeben und die Brötchen hineinlegen. 50 ml Wasser zufügen, den Deckel auflegen und bei mittlerer Hitze 10 Minuten dampfgaren, ohne den Deckel abzunehmen. Die Brötchen wenden und von der anderen Seite weitere 4 Minuten in der Hitze schwitzen lassen. Ist das Wasser ganz verdampft, noch einmal 2 EL Öl zugeben und die Brote in Oregano und Sesam wenden, bis die Oberfläche schön dekoriert aussieht.

Feigen mit Balsamicoreduktion Essig und Zucker in einem kleinen Topf zum Kochen bringen und reduzieren, bis der Essig Blasen wirft. Je größer die Bläschen, desto fester wird die Reduktion. Aufpassen, dass die Reduktion nicht anbrennt und ganz eintrocknet. Von der Herdplatte nehmen, salzen und den Rosmarinzweig dazugeben.
Die Feigen waschen, trocken tupfen und halbieren. Mit der Schnittseite nach unten in die leicht ausgekühlte Reduktion tunken.

Schwarzwurzel-Grapefruit-Salat Die Schwarzwurzeln unter fließendem Wasser schälen und bis zur Verarbeitung in kaltem Wasser mit einem großzügigen Schuss Essig bereithalten. Die Grapefruits filetieren, dabei den Saft auffangen und alles zusammen mit dem Zitronensaft in eine Schüssel geben. Die Petersilie in feine Streifen schneiden. Die Schwarzwurzeln schräg in hauchdünne Scheiben schneiden, mit den restlichen Zutaten in der Schüssel mischen und mit Salz und Öl abschmecken. 15 Minuten ziehen lassen, damit sie im Biss etwas nachgeben.

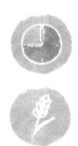

BASMATIREIS KASCHMIR-ART

MIT ROSEN-TOFU UND STANGENBOHNEN

4 Personen

Basmatireis Kaschmir-Art:
300 g Basmatireis
500 ml Wasser
½ TL gemahlene Kurkuma
15 Kardamomkapseln
60 g Mandelblättchen
4 EL Sonnenblumenöl
Meersalz
60 g Rosinen

Rosen-Tofu:
400 g Tofu Natur
4 EL natives Sesamöl
Meersalz
5 EL Rosensirup

Stangenbohnen:
300 g Stangenbohnen
Meersalz
1 Msp. Natron
3 EL Olivenöl
Saft von ½ Zitrone
1 Bund Thymian

Fenchel-Trauben-Salat:
1 Fenchelknolle
3 EL Olivenöl
Saft von ½ Zitrone
Meersalz
150 g kernlose schwarze Trauben
80 g Pekannüsse

Reis muss locker sein, und damit dies gelingt, sollten ein paar Regeln beherzigt werden. Wichtig ist, den Reis gut zu waschen, je weniger Stärke und Kleie im Kochwasser sind, umso lockerer wird er. Außerdem ist eine ebenso lange Quellzeit wie Kochzeit einzuplanen. Einfach mit geschlossenem Deckel ruhen lassen, bis der Reis sich entspannt hat und alles Wasser aufgesogen ist. Nach dem Kochen, je nach Sorte nach 10–20 Minuten, sollte das Wasser an der Oberfläche nicht mehr sichtbar sein. Wenn noch etwas Wasser am Topfboden schwimmt, ist das in Ordnung. Die Regel der doppelten Menge Wasser pro Tasse Reis stimmt übrigens fast nie, außer bei Vollkornreissorten.

Basmatireis Kaschmir-Art Den Basmatireis gut waschen, abtropfen lassen. Mit dem Wasser, Kurkuma und Kardamom zum Kochen bringen und 10 Minuten bei geschlossenem Deckel köcheln lassen. Von der Herdplatte nehmen und weitere 10 Minuten quellen lassen.
Die Mandeln in einer beschichteten Pfanne langsam rösten. Beiseitestellen.
Den Reis mit Öl, Salz, Rosinen und den gerösteten Mandeln mischen und mit einer Gabel auflockern. Bis zur Verwendung mit geschlossenem Deckel beiseitestellen.

Rosen-Tofu Den Tofu in 1 cm große Würfel schneiden und in einer beschichteten Pfanne im heißen Sesamöl anbraten. Mit Salz würzen, den Rosensirup dazugeben und schwenken, bis er verdampft ist. Der Tofu soll schön karamellisiert und ein bisschen knusprig sein.

Stangenbohnen Die Bohnen waschen, putzen und schräg in 2 cm breite Streifen schneiden. In kochendem, gesalzenem Wasser mit Natron 5–6 Minuten gar kochen. Abgießen, abschrecken und mit Olivenöl, Zitronensaft, Salz und fein gehacktem Thymian zu einem warmen Salat vermengen.

Fenchel-Trauben-Salat Den Fenchel putzen, waschen und mit einem Küchenhobel in hauchdünne Scheiben schneiden. Mit Olivenöl, Zitronensaft und Salz würzen. Die Trauben waschen, halbieren und mit den Pekannüssen zum Salat geben.

BREAKFAST BURRITO

MIT BOHNEN, SPITZKOHL UND TOMATEN

Für 4 Personen

Bohnen:
200 g rote Bohnen
2 EL Olivenöl
Meersalz
2 EL Tomatenmark
½ TL gemahlener Kreuzkümmel
½ TL Paprikapulver edelsüß
½ TL getrockneter Oregano

Burrito-Fladen:
175 g Dinkelmehl (Type 630)
25 g Polenta
400 ml Wasser
Meersalz
2 EL Sonnenblumenöl

Spitzkohl-Tomaten-Salat:
½ Spitzkohl
3 EL Sonnenblumenöl
Saft von ½ Orange
½ TL Kreuzkümmel
Meersalz
2 Romatomaten
½ Bund frischer Koriander

Breakfast Burritos kenne ich nur aus den USA, wo es sie an fast jeder Tankstelle zum Mitnehmen gibt. Bohnen zum Frühstück haben was für sich, sie sind sanft zum Bauch, und dank der Gewürze muss man sich auch keine Sorgen wegen allfälliger Geruchsbelästigung machen.

Bohnen Die Bohnen 2 Stunden oder über Nacht in Wasser einweichen. Das Wasser abgießen, die Bohnen waschen und in reichlich Wasser 2 Stunden gar kochen.

Burrito-Fladen Dinkelmehl, Polenta, Wasser und Salz zu einem recht flüssigen Teig verrühren. 30 Minuten ruhen lassen.

Spitzkohl-Tomaten-Salat Den Spitzkohl putzen, halbieren und den Strunk herausschneiden. Den Kohl hauchdünn aufschneiden, mit Öl, Orangensaft, Kreuzkümmel und Salz würzen und gut vermengen. Die Tomaten waschen, halbieren, vom Stielansatz befreien und in 1 cm große Würfel schneiden. Den Koriander waschen, abtropfen lassen, Blättchen abzupfen und unter die Tomaten mischen.

Fertigstellen Die Bohnen abgießen und im heißen Olivenöl anbraten. Einen Schuss Wasser zugeben und salzen. Tomatenmark und Gewürze beifügen und 5–10 Minuten erhitzen.
Das Öl in einer beschichteten Pfanne erhitzen und aus dem Teig nach und nach 8 Pfannkuchen backen.
Einen Pfannkuchen auf ein Blatt Butterbrotpapier legen. Den Spitzkohl mittig der Länge nach darauflegen, die Bohnen daraufgeben und mit Tomatensalat garnieren. Den Pfannkuchen an einem Ende einklappen und die Seiten zusammenrollen, sodass ein Päckchen entsteht. Das Butterbrotpapier um den Burrito wickeln und am unteren Ende zusammendrehen, um alles zu fixieren.

KÜRBISSUPPE

MIT WEISSEM MISO UND BUCHWEIZENBRÖTCHEN

Für 4 Personen

Buchweizenbrötchen:
175 ml Wasser
2 EL goldene Leinsamen
2 EL Sesamöl
5 g frische Hefe
250 g Buchweizenmehl
Meersalz
½ TL Koriandersamen

Kürbissuppe mit weißem Miso:
1 Hokkaido-Kürbis
1 Fenchelknolle
1 TL Kurkuma
1½ l Wasser
4 EL Kürbiskerne
6 EL weißes Miso (Shiro Miso)
Meersalz

Buchweizen ist ein Gras und kein Getreide und hat somit wenig Kleberstoff. Das Brot wirkt daher bröckelig und ist schwer zu formen. Schmecken tut es aber wunderbar. Wichtig ist, Buchweizenmehl länger zu rühren, zu schlagen oder zu kneten als glutenhaltige Getreidesorten, da sich mit der Zeit doch so etwas wie ein Kleberstoff entwickelt und das Brot sich so besser formen lässt.

Buchweizenbrötchen Wasser, Leinsamen, Öl und Hefe mischen. Das Mehl einarbeiten und am besten in der Küchenmaschine oder mit dem Handrührgerät 10 Minuten auf mittlerer Stufe rühren. Den Teig mit Salz und Koriander würzen. Den Teig in einer fest verschließbaren Schüssel 30 Minuten gehen lassen.
Anschließend den Teig noch einmal durchkneten, 4 kleine Fladen (ca. 2 cm dick) formen und auf ein mit Backpapier belegtes Blech legen. In einer großen Plastiktüte nochmals 20 Minuten ruhen lassen.
Den Backofen auf 220 Grad vorheizen. Die Fladen mit Wasser bepinseln und im Ofen 20 Minuten backen. Aus dem Ofen nehmen und auf einem Kuchengitter etwas ausdampfen lassen.

Kürbissuppe mit weißem Miso Den Kürbis waschen, halbieren und entkernen. Den Fenchel waschen und putzen. Beides in 2 cm große Würfel schneiden. Das Gemüse mit der Kurkuma in einen kleinen Topf geben, mit Wasser knapp bedeckt langsam zum Kochen bringen und 10 Minuten kochen lassen.
Die Kürbiskerne in einer beschichteten Pfanne anrösten, bis sie knacken und knistern. Beiseitestellen.
Den Herd ausschalten und das Gemüse mit dem Pürierstab durchmixen. Die Suppe darf nun nicht mehr kochen. Das Miso in die Suppe geben und noch einmal pürieren, bis sich das Miso aufgelöst hat. Falls nötig noch etwas salzen.
Die Suppe in Schälchen anrichten, mit den Kürbiskernen dekorieren und mit dem Brot servieren.

COUSCOUS-SALAT

MIT ROTWEIN-TOFU, ZUCCHINI UND MANGO

Für 4 Personen

Couscous:
200 g Couscous
1 Stück Ingwer (20 g)
1 Stück frische Kurkuma (20 g)
oder ½ TL gemahlen
2 EL Sonnenblumenöl
Meersalz
25 g Pistazien
40 g Cranberrys

Rondini:
2 kleine Rondini-Kürbisse
(runde Zucchini)
2 EL Olivenöl
Saft von ½ Zitrone
Meersalz
¼ TL Paprikapulver edelsüß
¼ TL gemahlener Kreuzkümmel
2 EL Kürbiskernöl

Rotwein-Tofu:
400 g Tofu Natur
4 EL Olivenöl
80 ml Tamari (Sojasauce)
150 ml Rotwein
1 Zweig Rosmarin
schwarzer Pfeffer aus der Mühle

Mangosalat:
2 kleine reife Mangos
Saft von ½ Zitrone
2 EL Agavendicksaft
1 Bund frischer Koriander
1 Prise Chili
Meersalz

Tofu hat wenig Eigengeschmack, das macht ihn gerade so besonders. Man kann ihn wirklich in jede Form und jede Geschmacksrichtung bringen. Ich habe Jahre damit verbracht, Tofu in Scheiben zu schneiden, auszupressen, über Nacht zu marinieren und zu leckerem, geschmackvollem und knusprigem Tofu zu braten. Ob Rotwein, Weißwein, Tamari oder Shoyu, Zitronen- oder Orangensaft, Nüsse oder Gemüse zugegeben werden, ist ziemlich egal. Wichtig ist nur, dass er lange genug gebraten wird – 10 Minuten mindestens. Dabei immer wieder ablöschen, reduzieren, ablöschen, reduzieren, ablöschen. Es lohnt sich übrigens, verschiedene Tofusorten durchzuprobieren, bis man den findet, der einem am besten schmeckt.

Couscous Den Couscous in eine Schüssel geben. Ingwer und Kurkuma schälen, hacken und mit dem Couscous vermengen. Öl, Salz und so viel kochendes Wasser zugießen, dass der Couscous gerade bedeckt ist. Den Couscous zugedeckt 10 Minuten quellen lassen, dann mit einer Gabel auflockern. Pistazien und Cranberrys unterheben und bis zum Gebrauch zugedeckt beiseitestellen.

Rondini Die Kürbisse oben und unten anschneiden, halbieren und in Achtel schneiden. In einer beschichteten Pfanne die Kürbisstücke im heißen Olivenöl unter Schwenken anbraten. Nach 5 Minuten mit Zitronensaft, Salz und den Gewürzen abschmecken. Zudecken und von der Herdplatte nehmen. Kurz vor dem Servieren mit dem Kürbiskernöl beträufeln. Bei jungen Rondini kann die Schale problemlos mitgegessen werden. Ist er schon etwas älter, einfach das Fruchtfleisch aus der Schale löffeln.

Rotwein-Tofu Den Tofu in 2 cm große Würfel schneiden. In einer beschichteten Pfanne den Tofu im heißen Olivenöl anbraten und bei mittlerer Hitze weiterbraten. Wenn er festklebt, nach und nach mit Tamari ablöschen. Ist die Sojasauce aufgebraucht, den Rotwein zugeben und einkochen lassen (dauert 8–10 Minuten). Die Rosmarinnadeln fein hacken, zusammen mit einer Prise schwarzem Pfeffer unter den Tofu heben und von der Herdplatte nehmen.

Mangosalat Die Mangos schälen, das Fruchtfleisch vom Stein und in Stücke schneiden. Mit Zitronensaft, Agavendicksaft, gehacktem Koriander, Chili und einer Prise Salz würzen und locker vermengen.

REIS-IDLI

MIT TOMATEN-VANILLE-SAUCE
UND GEBRATENEM KÜRBIS

Für 4 Personen

Idli:
300 g Thaibonnet-Reis
75 g gelbe geschälte Linsen
225 ml Wasser
Meersalz
6 kleine Metall-Teesiebe
(8 cm Durchmesser)

Tomaten-Vanille-Sauce:
2 Karotten
6 reife Romatomaten
4 EL Olivenöl
Meersalz
3 EL Tomatenmark
2 Vanilleschoten
1 Zimtstange
1 Prise schwarzer Pfeffer

Gebratener Kürbis:
½ Hokkaidokürbis
2 EL Sonnenblumenöl
2 EL grober Senf
1 EL Sambal Oelek
Saft von 1 Zitrone
Meersalz
1 Bund glatte Petersilie
1 Bund frischer Koriander

In Südindien sind »Idli« das Standardfrühstück, wie bei uns Brötchen und Rührei. Die würzige indische Art, den Tag zu beginnen, mit Reis, Linsen und leckerem Gemüse. Ein Gedicht, das, ohne den Magen zu beschweren, an den Zauber Indiens erinnert.

Idli Den Reis und die Linsen in separaten Schüsseln am Morgen des Vortages einweichen. Abends abgießen und zusammen mit dem Wasser (225 ml) zu einer feinen Creme pürieren. In einer fest verschließbaren Schüssel über Nacht an einem warmen Ort fermentieren lassen. Den Teig in die Teesiebe füllen. In einem großen, flachen Topf etwa 2 cm hoch Wasser zum Kochen bringen. Die Siebe so hineinhängen, dass sie das Wasser nicht berühren und 15 Minuten mit geschlossenem Deckel dämpfen.

Tomaten-Vanille-Sauce Die Karotten schälen und in kleine Würfel schneiden. Die Tomaten waschen, halbieren, vom Stielansatz befreien und in grobe Würfel schneiden. Die Karotten in einem Topf im heißen Olivenöl 3–4 Minuten anbraten und salzen. Das Tomatenmark dazugeben und mit andünsten. Die Tomaten beifügen und mit den Vanilleschoten, der Zimtstange und Pfeffer würzen. Alles 5 Minuten einkochen lassen. Die Vanilleschoten herausnehmen, halbieren, das Mark auskratzen und in die Sauce geben. Die Zimtstange entfernen und die Sauce nochmals mit Salz abschmecken.

Gebratener Kürbis Den Kürbis mit einem Löffel entkernen, in 1 cm breite Halbmonde schneiden und im heißen Öl anbraten. Ein Schuss Wasser dazugeben und mit geschlossenem Deckel 5 Minuten leise schmoren. Senf, Sambal Oelek, Zitronensaft und Salz einrühren und weitere 5 Minuten ohne Deckel dünsten. Die Kräuter waschen, hacken und unter das Gemüse heben. Die Idli heiß mit dem Kürbis und der Sauce servieren.

PUY-LINSEN

MIT SELLERIESCHAUM, MANGOLD UND KAROTTEN

Für 4 Personen

Sellerieschaum:
½ Sellerieknolle
50 ml Weißwein
50 ml Wasser
200 ml Sojasahne (Cresoy)
1 Zweig Thymian
weißer Pfeffer aus der Mühle,
Meersalz

Amarant:
300 g Amarant
500 ml Wasser
2 EL geröstetes Sesamöl
Meersalz

Französische Puy-Linsen:
80 g Puy-Linsen
(grüne Linsen)
1 Orange
½ Bund Basilikum
2 EL Olivenöl
Meersalz, schwarzer Pfeffer
aus der Mühle

Karotten in Milch:
5 Karotten
200 ml Sojamilch Natur
1 EL pflanzliche Margarine (Alsan)
½ Bund glatte Petersilie
Meersalz

Blanchierter Mangold:
500 g Stielmangold
Meersalz
1 Msp. Natron
2 EL Olivenöl

Ich wurde schon oft nach dem Rezept für den Sellerieschaum gefragt beziehungsweise nach seinen Verwandten wie Kürbismousse, Rote-Bete-Mousse, Schwarzwurzelmousse usw. Das Geheimnis ist, ein wasserarmes Gemüse zu garen und mit der richtigen Menge Sojasahne zu vermengen. Würzung ganz nach Gusto. Das Gemüse soll so trocken wie möglich sein, damit der Schaum eine bessere Bindung erhält, und je länger er durchkühlt, desto besser hält die Creme beim Anrichten.

Sellerieschaum Den Sellerie schälen, würfeln und in einem kleinen Topf mit Weißwein und Wasser zugedeckt etwa 8 Minuten garen. Nebenbei die Sojasahne aufschlagen. Den Sellerie abgießen und ausgebreitet ausdampfen und trocknen lassen. Den Sellerie zurück in den Topf geben und ganz fein pürieren. Das Püree mit Thymian, Pfeffer und Salz kräftig würzen. Die Hälfte der Sojasahne einrühren, den Rest sachte unterheben und alles abgedeckt über Nacht kühl stellen.

Amarant Den Amarant waschen und abtropfen lassen. In einem Topf mit dem Wasser zum Kochen bringen und 12 Minuten köcheln lassen. Von der Herdplatte nehmen und mit geschlossenem Deckel 10 Minuten quellen lassen. Das Sesamöl dazugeben und salzen. Mit einer Gabel alles leicht auflockern und noch einmal 5 Minuten quellen lassen.

Puy-Linsen Die Linsen in reichlich Wasser zum Kochen bringen und 15 Minuten köcheln lassen. Die Orange mit einem Messer bis auf das Fruchtfleisch schälen, halbieren in 1–2 cm große Würfel schneiden. Das Basilikum waschen, trocken tupfen und die Blättchen grob zupfen. Die Linsen abgießen, abschrecken und noch warm mit den Orangenwürfeln, Olivenöl, Basilikum, Salz und Pfeffer mischen und abschmecken.

Karotten in Milch Die Karotten schälen und in ½ cm dicke Scheiben schneiden. In einem Topf die Margarine in der Sojamilch schmelzen. Die Karotten zugeben, salzen und 5–8 Minuten garen. Vom Herd nehmen. Kurz vor dem Servieren die grob geschnittene Petersilie einrühren.

Blanchierter Mangold Einen Topf mit Salzwasser zum Kochen bringen. Den Mangold waschen und die Stiele von den Blättern trennen. Die Stiele in 3 cm breite, die Blätter in 5 cm breite Streifen schneiden. Das Natron in das kochende Wasser geben. Die Stiele 5 Minuten köcheln lassen. Dann die Blätter zugeben und noch 1 Minute mitgaren. Abgießen, kurz abschrecken, gut abtropfen und mit Olivenöl und Salz würzen.

TOFU-TERIYAKI

MIT KOKOS-SÜSSKARTOFFELBREI

Für 4 Personen

Süßkartoffelbrei:
300 g Süßkartoffeln
300 g mehligkochende Kartoffeln
150 ml Kokosmilch
Meersalz

Wirsingblätter:
8 große Wirsingblätter
Meersalz
1 Msp. Natron

Tofu-Teriyaki:
400 g Tofu Natur
4 EL Sesamöl nativ
40 g Ingwer
5 Datteln
80 ml Tamari
3 EL Genmai Su (Reisessig)
6 EL Mirin (Reiswein)
80 ml Wasser
1 TL Kuzu (japanische Pfeilwurzel)

Teriyaki ist eine japanische Würzsauce, die durch etwas getrockneten Chili leicht pikant ist. Genial auch beim Grillen zum Marinieren von allem, was eine dunkle Farbe bekommen soll. Was Rotwein und Tomaten bei den Italienern sind, ist bei den Japanern die Mischung aus Shoyu, Reisessig und Mirin. Die Datteln geben Süße, ohne dass man auf Kristallzucker zurückgreifen muss. Jede Art von Dicksaft tut es auch, doch der Biss auf die Datteln hat auch etwas Besonderes.

Süßkartoffelbrei Die Süßkartoffeln und Kartoffeln waschen und in reichlich Wasser 20 Minuten gar kochen. Abgießen, abschrecken und die Schale abziehen. Die Kokosmilch erhitzen, die Kartoffeln beigeben und mit einem Stampfer zu einem feinen Brei verarbeiten. Vom Herd nehmen, salzen und mit geschlossenem Deckel warm halten.

Wirsingblätter Die Wirsingblätter waschen, die Blattrippen flach schneiden und die Blätter in einem Topf mit kochendem, gesalzenem Natronwasser 6 Minuten gar kochen. Herausnehmen.

Tofu-Teriyaki Den Tofu halbieren, in 1½ cm dicke Scheiben schneiden und in einer beschichteten Pfanne im heißen Sesamöl knusprig braten, dabei immer wieder bewegen, damit nichts anklebt.
Den Ingwer schälen und ebenso wie die Datteln fein hacken. In einen kleinen Topf geben. Tamari, Essig, Reiswein und das in kaltem Wasser aufgelöste Kuzu mischen. Einmal aufkochen lassen, zum Tofu gießen und 5 Minuten einkochen lassen.

Anrichten Den Tofu auf den Wirsingblättern anrichten und den Kartoffelbrei dazugeben.

BLUEBERRY PANCAKES

MIT CASHEWCREME

Für 4 Personen

Cashewcreme:
200 g Cashewkerne
50 ml Wasser
10 Acidophilus-Kapseln oder Saft
von ½ Zitrone
4 EL Reissirup

Pancakes:
200 g Buchweizenmehl
400 ml Reismilch
50 g Vollrohrzucker
1 TL Backpulver
4 EL Sonnenblumenöl
250 g frische Blaubeeren

Ein glutenfreies, sojafreies Frühstück ohne Zucker. Das ist öko, healthy und deluxe, alles auf einem Teller für die ganze Familie! Heute ist jedermanns Zeit knapp bemessen, und es soll immer alles schnell gehen. Doch zwischendurch tut es gut, die Bequemlichkeit zu überwinden und etwas Aufwand auf sich zu nehmen – für einen gesunden Körper, einen klaren Geist und vor allem viel Genuss.

Cashewcreme Am Vortag die Cashewkerne 4 Stunden in reichlich Wasser einweichen. Abgießen und mit 50 ml Wasser, Acidophilus-Pulver oder Zitronensaft und Reissirup pürieren. Im Kühlschrank ohne Deckel über Nacht kalt stellen.

Pancakes Buchweizenmehl, Reismilch, Zucker und Backpulver zu einem glatten Teig verrühren. Den Teig schöpfkellenweise in eine beschichtete Pfanne mit wenig Öl geben und bei mittlerer Hitze von jeder Seite etwa 3 Minuten backen.
Die Blaubeeren waschen und trocken tupfen. Die Pfannkuchen jeweils mit einem Esslöffel Cashewcreme und Blaubeeren genießen.

GERSTENGRAUPENSUPPE

MIT RÄUCHERTOFU UND VINSCHGAUER

Für 4 Personen

Vinschgauer:
¼ Beutel Roggensauerteig
(oder 25 g Roggensauerteig
nach Rezept Seite 104)
5 g frische Hefe
150 ml lauwarmes Wasser
150 g Roggenmehl
100 g Dinkelmehl (Type 630)
½ TL Fenchelsamen
½ TL Kümmel
½ TL Koriandersamen
½ TL Bockshornklee
Meersalz

Gerstengraupensuppe:
100 g Perlgraupen
1 Karotte
¼ Sellerieknolle
2 EL pflanzliche Margarine (Alsan)
1½ l Wasser
2 Lorbeerblätter
Meersalz
2 mehlig kochende Kartoffeln
100 g Räuchertofu
1 Bund glatte Petersilie

Die Kindheit prägt einen, und das Essen, das man als Kind liebte, liebt man auch für den Rest des Lebens. Eine Gerstensuppe im Winter ist göttlich. Regionaler und saisonaler geht es in den Wintermonaten wohl kaum. Sie wärmt, stärkt und macht satt. Dies ist eines meiner Lieblingsessen aus der Heimat, und über anständige Vinschgauer aus Sauerteig geht einfach gar nichts. Oft werden sie aus Hefeteig gemacht, die sind aber für meinen Geschmack einfach zu fluffig.

Vinschgauer Den Sauerteigmix oder den hausgemachten Sauerteigansatz in einer Schüssel mit Hefe und Wasser mischen. Roggenmehl, Dinkelmehl und Gewürze in den Teig einarbeiten und gut verkneten. Den Teig in einer fest verschließbaren Schüssel 1 Stunde ruhen lassen.
Dann Salz zugeben und ein weiteres Mal durchkneten. Den Teig in 8 gleich große Stücke teilen, zu Kugeln formen und in Roggenmehl wälzen. Auf ein mit Backpapier ausgelegtes Blech legen und auf 2 cm Dicke vorsichtig flach drücken. Das Blech in eine Plastiktüte stecken und 30 Minuten ruhen lassen. Den Backofen auf 220 Grad vorheizen. Das Blech in den Ofen schieben, eine Tasse Wasser auf den Boden des Ofens gießen und die Tür sofort schließen. 20–25 Minuten backen. Die Vinschgauer auf einem Kuchengitter auskühlen lassen.

Gerstengraupensuppe Die Perlgraupen über Nacht in Wasser einweichen. Am folgenden Tag waschen und abtropfen lassen. Karotte und Sellerie schälen, in kleine Würfel schneiden und in 1 EL Margarine anschwitzen. Die Graupen dazugeben und mit dem Wasser ablöschen. Etwa 1 Stunde köcheln lassen.
Die Kartoffeln schälen, würfeln und bereithalten. Die Suppe salzen, die Kartoffeln zugeben und weitere 10 Minuten köcheln lassen.
Den Räuchertofu in kleine Würfel schneiden und in einer beschichteten Pfanne in der restlichen Margarine dunkel anbraten. Die Petersilienblättchen in feine Streifen schneiden. Den Räuchertofu für 2 Minuten in die Suppe rühren und mit Petersilie bestreut servieren.

PANIERTER TEMPEH

MIT BOHNEN, TOMATEN-AUBERGINEN-GEMÜSE UND KOKOSREIS

Für 4 Personen

Kokosreis:
250 g Thaibonnet-Reis
160 ml Kokosmilch
260 ml Wasser
Meersalz

Panierter Tempeh:
400 g Tempeh
60 g Ingwer
2 EL Sambal Oelek
6 EL Reismehl
2 EL Maisstärke
10 EL kaltes Wasser
Meersalz
6 EL Sesamöl nativ

Auberginen mit Tomaten:
2 kleine Auberginen
3 EL geröstetes Sesamöl
30 g Ingwer
30 g frische Kurkuma
3 Romatomaten
2 EL Tomatenmark
1 EL Reissirup
Meersalz

Bohnen-Chili-Gemüse:
250 g Schlangenbohnen (Asialaden)
oder Buschbohnen
2 große rote Chilischoten
60 g Erdnüsse
2 EL Erdnussöl
Meersalz

Als wir kürzlich in Sumatra waren, mussten wir dem Hotelpersonal erst beibringen, was wir Veganer so essen. »Hanya Sayur?« Nur Gemüse? »Ya, hanya Sayur.« Mit fragendem Blick und einem gewissen Unverständnis haben sie es geschafft, uns über drei Wochen lang mit Reis, Tofu, Tempeh und Gemüse zu bekochen. Die Variationen waren sehr gering, aber lecker war es dennoch. So wurden die Auberginen mal durch Kartoffeln ersetzt, und statt Bohnen gab es lokalen Spinat, der viel kräftiger ist und von der Struktur eher an Grünkohl erinnert. Danke an die Crew des »Losten«, dass sie auch auf Zucker und Glutamat verzichtet haben. Nur für uns.

Kokosreis Den Reis gründlich waschen und abtropfen lassen. In einem Topf mit Kokosmilch und Wasser aufsetzen und mit geschlossenem Deckel 10 Minuten köcheln lassen. Von der Herdplatte nehmen und 10 Minuten ausquellen lassen. Salzen, auflockern und ausdampfen lassen.

Panierter Tempeh Den Tempeh in 8 mm dicke Scheiben schneiden. Den Ingwer schälen und auf einer Porzellanreibe reiben, den Saft in eine Schüssel pressen und mit Sambal Oelek, Reismehl, Maisstärke, Wasser und Salz zu einem dünnen Teig rühren. Den Tempeh kurz darin wenden und in einer beschichteten Pfanne im heißen Sesamöl von beiden Seiten 5 Minuten golden ausbraten.

Auberginen mit Tomaten Die Auberginen waschen, putzen und in 2 cm große Würfel schneiden. In einer Pfanne im heißen Sesamöl mit einem Schuss Wasser langsam braten. Ingwer und Kurkuma schälen und fein hacken. Die Tomaten waschen, halbieren, vom Stielansatz befreien und in Spalten schneiden. Das Tomatenmark und alle vorbereiteten Zutaten mit den Auberginen vermengen und weitere 5 Minuten dünsten. Mit Reissirup und Salz abschmecken.

Bohnen-Chili-Gemüse Die Bohnen waschen, putzen und in gesalzenem kochendem Wasser 8 Minuten kochen. Die Chilischoten putzen, halbieren, entkernen und in Ringe schneiden. Die Bohnen abgießen, abschrecken, abtropfen lassen und in einer Pfanne mit Chili, Erdnüssen, Öl und Salz kurz schwenken, bis sie wieder schön warm sind.

KUCHEN
KEKSE
VEGANES EIS

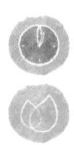

BANANEN-BLAUBEER-TORTE

MIT SCHOKOCREME

Für 1 Springform
von 26 cm Durchmesser,
ergibt 12 Stücke

Mürbeteig:
250 g Dinkelmehl (Type 630)
100 g pflanzliche Margarine (Alsan)
100 g Rohrohrzucker

Füllung:
3 Bananen
Saft von ½ Zitrone
6 EL Sonnenblumenöl
4 EL Rohrohrzucker
4 Msp. Johannisbrotkernmehl
250 g frische Blaubeeren
200 g Zartbitterkuvertüre (Rapunzel)
150 ml Sojamilch Vanille

Dieser Kuchen ist ein Geschwisterchen des Schoko-Avocado-Kuchens aus meinem ersten Buch. Ich mag es gerne, wenn es zwei von einer Sorte beziehungsweise von einer Art gibt. Das Aufbauprinzip ist sehr ähnlich, während der Geschmack ganz anders ist. Die Blaubeeren mit der Banane und der Schokolade … Wahnsinn!

Mürbeteig Den Backofen auf 175 Grad vorheizen. Die Zutaten für den Teig mit dem Knethaken der Küchenmaschine zu einem festen bröseligen Teig vermengen. Die Springform einfetten. Den Teig zuerst am Rand 3 cm hochdrücken und dann den Boden bedecken. Mit den Fingern den Teig fest andrücken. Mit Backpapier belegen und mit getrockneten Bohnen zum Blindbacken beschweren, damit die Ränder beim Backen nicht absinken. Im Ofen 30 Minuten backen.
Herausnehmen, das Backpapier nach innen falten und den Teigrand mit einer Teigkarte vorsichtig vom Rand lösen. Den Springformrand öffnen, den Boden mit einer Konditorplatte von der Springform lösen. Die Springform wieder schließen und die Bohnen vorsichtig herausheben. Auskühlen lassen.

Füllung Die Bananen schälen und mit Zitronensaft, Öl, Zucker und 3 Msp. Johannisbrotkernmehl zu einer feinen schaumigen Creme pürieren.
Die Blaubeeren waschen und abtropfen lassen.
Die Kuvertüre mit der Sojamilch in einer Metallschüssel über dem heißen Wasserbad vorsichtig schmelzen und gelegentlich umrühren. Sobald eine feine Sauce entstanden ist, 1 Msp. Johannisbrotkernmehl mit dem Pürierstab unterziehen.

Fertigstellen Die Blaubeeren und die Bananenfüllung gleichmäßig auf dem Mürbeteigboden verteilen und die Schokoladencreme darübergießen. Den Kuchen 1–2 Stunden kalt stellen.
Den Kuchen mit einem in heißes Wasser getauchten Messer aufschneiden und nach jedem Schnitt das Messer mit einem feuchten Tuch abwischen. Das Messer gleitet dann förmlich durch die Torte.

CHERRY CHEESECAKE

Für 1 Springform
von 26 cm Durchmesser,
ergibt 12 Stücke

Mürbeteig:
100 g pflanzliche Margarine (Alsan)
80 g Rohrohrzucker
250 g Dinkelmehl (Type 630)
125 g gemahlene Mandeln

Füllung:
400 g Seidentofu
2 Päckchen Vanillepuddingpulver
1 gestrichener TL Agar-Agar
Abrieb von 1 Zitrone
200 ml Sojasahne (Cresoy)
400 g frische oder
300 g tiefgekühlte Kirschen
50 g Rohrohrzucker

Vegane luftige Cremes zu kreieren ist nicht so einfach. Was tun, wenn man kein Eiweiß hat? Dann hilft nur steif geschlagene Sojasahne. Dabei aber nicht verzagen, es dauert, bis sie steif wird. Hat man keine Küchenmaschine, einfach etwas Sahnesteif dazugeben und gut 10 Minuten Rühren mit dem Handrührgerät einplanen, es lohnt sich.

Mürbeteig Margarine, Zucker und Mehl mit dem Knethaken zu einem festen bröseligen Teig vermengen. Die Springform einfetten und den Teig einfüllen. Zuerst den Rand 3 cm hoch locker andrücken und dann die restlichen Krümel noch einmal auf dem Boden gleichmäßig verteilen und leicht andrücken. Die Mandeln auf dem Boden ausbreiten.

Füllung Den Seidentofu mit Puddingpulver und Agar-Agar fein pürieren. Die Zitronenschale unterrühren. Die Sojasahne steif schlagen und vorsichtig unter den Tofu ziehen.

Fertigstellen und backen Den Backofen auf 170 Grad vorheizen. Die Füllung in die Kuchenform gießen und die entsteinten, eventuell gefrorenen Kirschen darauf verteilen. Mit dem Zucker bestreuen und den Kuchen im Ofen gut 40 Minuten golden backen. Den Kuchen weitere 10 Minuten im geschlossenen ausgeschalteten Ofen ruhen lassen, damit die Sojasahne nicht zusammenfällt.
Mit einer Teigkarte den Tortenrand lösen, den Springformrand öffnen und das Konditorblech unter den Kuchen schieben. Mindestens 1 Stunde auskühlen lassen.

ZITRONENKUCHEN

Für 1 Kastenkuchen
von 30 cm Länge,
ergibt 12 Stücke

Teig:
3 Zitronen, davon 180 ml Saft
und abgeriebene Schale
165 g pflanzliche Margarine (Alsan)
150 ml Reisdrink Natur
330 g Dinkelmehl (Type 630)
165 g Rohrohrzucker
1 Msp. Natron

Glasur:
3 EL Zitronensaft
75 g Puderzucker

Dies ist wohl der einfachste Kuchen, für den ich am längsten zur Entwicklung gebraucht habe. Jedes Mal, wenn ich den Kuchen probiert habe, schmeckte der Teig unglaublich gut, ging im Ofen unglaublich schön auf und ist dann nach 20 Minuten im Ofen einfach wieder zusammengefallen. Ich habe alles Mögliche ausprobiert, um das zu beheben. Doch erst als ich einmal das Backpulver zuerst zum Zitronensaft gab, bin ich darauf gekommen; es schäumte und die Reaktion war einfach viel zu stark. Da habe ich das Backpulver durch Natron ersetzt, und siehe da, der Kuchen ist oben geblieben.

Teig Den Backofen auf 175 Grad vorheizen. Alle Teigzutaten schaumig schlagen und in die beschichtete, gefettete Kastenkuchenform füllen. Im Ofen 40 Minuten golden backen.

Glasur Den Zitronensaft mit Puderzucker mischen und kräftig glatt rühren. Den Kuchen aus dem Ofen nehmen und 30 Minuten auskühlen lassen. Dann mit einer Teigkarte der Kuchen vom Rand lösen. Den Kuchen aus der Form stürzen und wieder auf die richtige Seite wenden. Weitere 10 Minuten auskühlen lassen, dann die Glasur mit einem kleinen Löffelchen darüber verteilen und an den Kanten glatt streichen. Vor dem Anschneiden den Kuchen komplett auskühlen lassen.

VERSUNKENER APFELKUCHEN

Für 1 Springform
26 cm Durchmesser,
ergibt 12 Stücke

160 g Rohrohrzucker
150 ml Sojamilch Vanille
160 g pflanzliche Margarine (Alsan)
300 g Dinkelmehl (Type 630)
100 g gemahlene Mandeln oder
Haselnüsse
1 TL Zimt
1 TL Piment
1 Päckchen Backpulver
4 Äpfel (Jonagored)
Saft von ½ Orange
nach Wunsch etwas Zimt-Zucker

Einfach und genial. Dieser Kuchen ist saftig und schnell gemacht.
Und die Zeit, in der der Kuchen im Ofen ist, kann man für die
Vorbereitungen für Abendessen, Mittagessen oder das Frühstück
am nächsten Tag nutzen.

Den Backofen auf 180 Grad vorheizen. Rohrohrzucker, Sojamilch,
Margarine, Mehl, Nüsse, Gewürze und das Backpulver zu einem elasti-
schen Teig verquirlen. Den Teig in die gefettete Springform füllen.
Die Äpfel schälen, vierteln und das Kerngehäuse entfernen. Mit einem
Messer der Länge nach einschneiden, damit sie beim Backen schneller
garen. Die Apfelviertel kurz im Orangensaft wenden und so eng wie
möglich auf den Kuchenteig legen. Dann die Äpfel bis auf den Boden der
Springform hinunterdrücken.
Den Kuchen im Ofen 45 Minuten goldbraun backen. Abkühlen lassen.
Aus der Form nehmen, nach Wunsch mit Zimt und Puderzucker
bestäuben und lauwarm servieren.

VERSUNKENER APFELKUCHEN

MIT ROSINEN (GLUTEN- UND ZUCKERFREI)

Für 1 quadratische Form
von 20 x 20 cm,
ergibt 12 Stücke

1–2 Karotten (200 g geschält
und geraspelt)
150 g pflanzliche Margarine (Alsan)
100 ml Reismilch
200 g Agavendicksaft
170 g Buchweizenmehl
75 g Rosinen
125 g gemahlene Mandeln
Saft von 1 Orange
2 TL Zimt
2 gestrichene TL Natron
4 Äpfel (z. B. Jonagored)
Saft von ½ Zitrone

Glutenfreies Gebäck ist bei uns noch nicht in großer Auswahl erhältlich, obwohl die Zahl der von Zöliakie Betroffenen stark zunimmt. Salzig glutenfrei zu essen ist oft leichter, als glutenfreie Süßspeisen zu finden. Deshalb hier die magenfreundliche Version für alle, die Probleme mit Gluten haben oder die einfach mal eine Öko-Note in ihr Leben bringen wollen.
Buchweizenmehl braucht übrigens beim Rühren mehr Zeit als Dinkel- oder Weizenmehl. Wird das Mehl zu kurz gerührt, wirkt der Kuchen bröselig und hält nicht so schön zusammen.

Den Backofen auf 160 Grad vorheizen. Karotten, Margarine, Reismilch, Agavendicksaft, Buchweizenmehl, Rosinen, Mandeln, Orangensaft und 1 TL Zimt zu einem schaumigen Teig aufschlagen. Dabei etwa 5 Minuten auf hoher Stufe rühren. Dann das Natron dazugeben und ein weiteres Mal gut verrühren. Den Teig in die gefettete Form füllen.
Die Äpfel schälen, vierteln, entkernen und im Zitronensaft wenden.
Die Apfelviertel mit dem Messer tief einritzen und so eng wie möglich auf den Kuchenteig legen. Dann die Äpfel bis auf den Boden der Form hinunterdrücken.
Den Kuchen im Ofen 1 Stunde backen. Aus dem Ofen nehmen, 5 Minuten auskühlen lassen und aus der Form nehmen. Mit Zimtpulver bestäuben und lauwarm servieren.

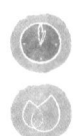

BIRNEN-MOHN-KUCHEN

Für 1 Springform
von 26 cm Durchmesser,
ergibt 12 Stücke

Teig:
100 g pflanzliche Margarine (Alsan)
100 g Rohrohrzucker
250 g Dinkelmehl (Type 630)

Füllung:
3 Birnen (z. B. Williams Christ)
Saft von ½ Zitrone
400 ml Sojasahne (Cresoy)
500 g Sojajoghurt
80 g Rohrohrzucker
2 Päckchen Vanillepuddingpulver
1 TL Agar-Agar
100 g Dampfmohn

Wenn man geschlagene Sojasahne in eine zu backende Teigmasse gibt, passiert meistens eins: Der Kuchen geht ein bisschen auf, die Oberfläche schaut wunderbar glatt und fluffig aus. Doch 10 Minuten nachdem man den fertig gebackenen Kuchen aus dem Ofen genommen hat, sinkt er ein. Die Creme kühlt zu schnell aus, so schnell, dass die Bindemittel nicht mitkommen. Lässt man den Kuchen aber noch für 10 Minuten im ausgeschalteten Ofen stehen, ohne die Tür zu öffnen, hält sich die in der Sahne enthaltene Luft im Kuchen.

Teig Margarine, Zucker und Dinkelmehl mit den Knethaken der Küchenmaschine zu einem bröseligen Teig verarbeiten. Den Teig in die eingefettete Springform füllen und zuerst den Rand 3 cm hoch locker andrücken, dann die restlichen Krümel auf dem Boden gleichmäßig verteilen und leicht andrücken.

Füllung Die Birnen waschen, vierteln, entkernen und die Viertel noch einmal der Länge nach halbieren. Die Birnenstücke in Zitronensaft legen. Die Sojasahne in der Küchenmaschine oder mit dem Handrührgerät steif schlagen. Den Sojajoghurt mit Zucker, Puddingpulver und Agar-Agar zu einer glatten Creme aufschlagen. Zuerst die Hälfte der Sojasahne unterheben und dann die andere Hälfte unterziehen. So gelangt mehr Luft in die Creme.

Fertigstellen und backen Den Backofen auf 170 Grad vorheizen. Auf den Tortenboden eine Schicht Vanillecreme geben, die Birnen darauf verteilen. Mit der restlichen Vanillecreme bedecken und abschließend mit dem Dampfmohn großzügig bedecken. Im Ofen 50 Minuten backen und dann weitere 10 Minuten im ausgeschalteten Ofen bei geschlossener Tür ruhen lassen.
Den Kuchen aus dem Ofen nehmen und mit einer Teigkarte vom Formenrand lösen. Den Springformrand öffnen und den Kuchenboden mit einer Konditorplatte vom Boden der Springform lösen. Die Springform wieder schließen und den Kuchen in der Form vollständig auskühlen lassen.

GUGLHUPF

Für 1 kleine Guglhupfform
von 16 cm Durchmesser,
ergibt 8 Stücke

Teig:
240 g Dinkelmehl (Type 630)
100 g pflanzliche Margarine (Alsan)
230 ml Sojamilch Vanille
140 g Rohrohrzucker
½ Päckchen Backpulver
1 Päckchen Vanillezucker

Außerdem:
50 g Kakaopulver
30 ml Sojamilch Vanille
1 EL Puderzucker

Ein fluffiger Marmorkuchen, der so locker ist, dass er mehr als nur ein simpler, einfacher Kuchen, sondern einfach genial ist. Super zum Mitnehmen oder Mitbringen! Eine Schokoladenglasur ist nicht nur für die Haltbarkeit gut, sondern gibt dem Ganzen auch eine gewisse Knackigkeit. Dafür 150 g Zartbitterkuvertüre schmelzen und den Kuchen damit überziehen.

Den Backofen auf 170 Grad vorheizen. Alle Teigzutaten mit dem Handrührgerät zu einem schaumigen Teig rühren. Die Hälfte des Teigs in die gefettete Guglhupfform füllen.
In den restlichen Teig den Kakao und die Sojamilch geben und erneut aufschlagen. Auf die helle Kuchenschicht füllen, mit einer Gabel locker durch den Teig fahren und dabei von unten nach oben durchziehen, sodass eine schöne Marmorierung entsteht.
Den Kuchen im Ofen 35 Minuten backen. Herausnehmen, 10 Minuten abkühlen lassen. Dann auf ein Kuchengitter stürzen und komplett auskühlen lassen. Mit Puderzucker bestäuben oder mit Schokoladenglasur überziehen (siehe oben).

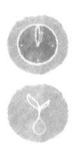

SANDDORN-VANILLENOUGAT-KUCHEN

Für 1 Springform
von 26 cm Durchmesser,
ergibt 12 Stücke

Teig:
2 Vanilleschoten
150 ml Sanddorn-Muttersaft
140 ml Reisdrink Natur
170 g pflanzliche Margarine (Alsan)
100 g Rohrohrzucker
230 g Dinkelmehl (Type 630)
80 g geriebene Mandeln
1 Päckchen Backpulver

Glasur:
200 g veganer Nougat (Rapunzel)
30 g Zartbitterkuvertüre (Rapunzel)

Ich habe einmal eine ganze Kiste Sanddorn-Muttersaft im Angebot gekauft. Doch nachdem ich den ersten Schluck probiert hatte, wusste ich nicht so recht, was ich damit anfangen soll. Da ich noch Nougat in der Kühlschublade hatte, schnitt ich mir eine dünne Scheibe Nougat ab und fand die Kombination einfach unbeschreiblich. Da fehlte nur noch ein bisschen Vanille – und so habe ich meinen ersten Sanddornkuchen gebacken. Der Kuchen hat eine tief gelborange Farbe vom Sanddorn, doch den richtigen Twist bekommt er durch den Nougat.

Teig Den Backofen auf 170 Grad vorheizen. Die Vanilleschoten längs aufschneiden und das Mark herauskratzen. Alle Teigzutaten zu einem schaumigen Teig schlagen und in die gefettete Springform füllen. Im Ofen 40 Minuten backen.
Herausnehmen und 10 Minuten abkühlen lassen. Mit einer Teigkarte den Rand vorsichtig lösen und mit einer Konditorplatte den Kuchen von der Backform lösen. Auskühlen lassen.

Glasur Nougat und Schokolade separat über einem Wasserbad schmelzen. Den ausgekühlten Kuchen mit Nougat überziehen und die Schokolade mit einem Löffel streifenweise darüberlaufen lassen. Den Stiel eines kleinen Löffels oberflächlich kreuz und quer durch die Schokolade ziehen. Den Nougat vor dem Anschneiden fest werden lassen.

PFLAUMENKUCHEN

MIT VANILLECREME

Für 1 Springform
von 26 cm Durchmesser,
ergibt 12 Stücke

Mürbeteig:
100 g pflanzliche Margarine (Alsan)
100 g Rohrohrzucker
250 g Dinkelmehl (Type 630)

Füllung:
9 Pflaumen
500 g Sojajoghurt
500 ml Sojamilch Vanille
80 g Rohrohrzucker
2 Päckchen Vanillepuddingpulver
1 TL Agar-Agar
1 TL Zimt

Der Kuchen erinnert beim Anschneiden an einen Sonnenaufgang. Die Pflaumen färben die Vanillecreme ein und machen aus einem einfachen Kuchen eine wunderschöne Präsentation. Zimt und Pflaume passen seit je gut, und die feine Vanillepuddingcreme macht den Kuchengenuss auch noch zu einer sehr mehlarmen Schlemmerei.

Mürbeteig Margarine, Zucker und Mehl zu einem bröseligen Teig kneten. Den Teig in die gefettete Springform füllen und gleichmäßig locker verteilen. Zuerst etwa 4 cm hoch am Rand andrücken. Dann die Brösel auf dem Boden gleichmäßig verteilen und leicht mit den Fingern andrücken.

Füllung Den Backofen auf 170 Grad vorheizen. Die Pflaumen waschen, halbieren und entsteinen. Mit der Hautseite nach oben auf den Tortenboden legen.
Sojajoghurt, Sojamilch, Zucker, Puddingpulver und Agar-Agar mit einem Schneebesen verquirlen und über einen Löffelrücken in die Springform laufen lassen. Mit Zimt bestäuben und im Ofen 45 Minuten backen.
Den Kuchen aus dem Ofen nehmen und mit einer Teigkarte den Rand lösen. Den Springformrand öffnen und mit einem Konditorblech unter den Kuchen schieben. Den Springformrand wieder schließen und den Kuchen ganz auskühlen lassen.

SCHOKO-TAHIN-KUCHEN

Für 1 Springform
von 26 cm Durchmesser,
ergibt 12 Stücke

Teig:
320 g Dinkelmehl (Type 630)
120 g Rohrohrzucker
140 g pflanzliche Margarine (Alsan)
250 ml Reisdrink Natur
125 g weißes Tahin (Sesampaste)
1 Päckchen Backpulver
50 g Kakaopulver
30 ml Reisdrink Natur

Glasur:
200 g Zartbitterkuvertüre (Rapunzel)
100 ml Sojamilch Vanille
1 EL weißes Tahin (Sesampaste)
2 EL Wasser

»Black and White«, diesen Kuchen nennen wir in der Küche auch Kuhfleckkuchen. Er sieht einfach hübsch aus, und auch wenn er fast zu einfach erscheint, liegt genau darin die Würze dieses Rezepts. Einer meiner Lieblingskuchen, und er geht so schnell.

Teig Den Backofen auf 170 Grad vorheizen. Mehl, Zucker, Margarine, 250 ml Reisdrink, Tahin und Backpulver zu einem schaumigen Teig verquirlen. Die Hälfte davon in die gefettete Springform füllen. Die andere Hälfte mit dem Kakaopulver und restlichem Reisdrink aufschlagen.
Auf dem hellen Teig gleichmäßig verteilen und mit einer Gabel locker durch den Teig fahren, dabei von unten nach oben durchziehen, sodass eine schöne Marmorierung entsteht. Den Kuchen im Ofen 40 Minuten backen.
Aus dem Ofen nehmen und den Springformring lösen. Etwas auskühlen lassen und den Kuchen mit einer Konditorplatte von dem Springformboden nehmen.

Glasur Die Kuvertüre mit Sojamilch in eine Schüssel geben und über einem heißen Wasserbad schmelzen. Das Tahin mit dem Wasser in einer separaten Schüssel zu einer dickflüssigen Sauce rühren.
Den ausgekühlten Kuchen mit der Glasur überziehen und einige Tupfen Tahin daraufgeben. Ist die Schokolade fest geworden, kann der Kuchen aufgeschnitten werden.

APFEL-RHABARBER-KUCHEN

MIT STREUSELN

Für 1 rechteckige Form
von 18 x 28 cm, ergibt 8 Stücke

Mürbeteig:
300 g Dinkelmehl (Type 630)
125 g pflanzliche Margarine (Alsan)
100 g Rohrohrzucker

Belag:
3 Äpfel (z. B. Gala, Jonagored)
3 Stangen Rhabarber
Saft von 1 Zitrone
3 EL Rohrohrzucker
2 Päckchen Vanillepuddingpulver
50 g Pekannüsse

Frühsommerzeit ist Rhabarberzeit, dann ist er jung und reif und lässt sich übrigens nicht nur für Kuchen und Marmeladen verwenden. Es lohnt sich, ihn auch einfach mal kurz blanchiert als Gemüse oder roh, geschält und fein geschnitten in Salaten auf den Tisch zu bringen. Er ist so sauer, dass man ihn mit anderen Gemüsesorten oder Salaten mischen muss. Okay, time to be sweet!

Teig Dinkelmehl, Margarine und Zucker zu einem krümeligen Teig kneten. Zwei Drittel des Teigs in die gefettete Springform füllen. Den Rest für die Streusel beiseitelegen. Zuerst einen Rand von 3 cm hochdrücken, dann den restlichen Teig noch einmal gleichmäßig auf dem Boden verteilen und leicht andrücken.

Belag Die Äpfel waschen, vierteln, entkernen und in 1 cm dicke Scheiben schneiden. Die Rhabarberstangen schälen; dafür die Schale am Stielansatz oberflächlich einschneiden und die Schale einfach abziehen. Den Rhabarber schräg in 2 cm breite Streifen schneiden. Mit Zitronensaft und Zucker vermengen. Sobald etwas Saft entstanden ist, das Puddingpulver gut unterrühren und die Pekannüsse dazugeben.

Fertigstellen und backen Den Backofen auf 170 Grad vorheizen. Die Apfelmischung auf den Teigboden füllen. Den restlichen Drittel Teig gut zusammenpressen und von Hand wieder leicht zerdrücken, sodass schöne große Krumen entstehen. Diese auf dem Obst verteilen und den Kuchen im Ofen 40 Minuten backen.
Herausnehmen, mit einer Teigkarte den Rand lösen und mit einem Konditorblech den Kuchen aus der Form holen.

PEANUTBUTTER CHOCOLATE COOKIES

Ergibt 40 Stück

250 g Erdnussbutter
6 EL Agavendicksaft
3 EL Orangensaft
150 g Dinkelmehl (Type 630)
80 g Rohrohrzucker
40 g Kakaopulver
1 TL Natron
150 ml Reismilch
50 ml Sonnenblumenöl

Sind die Kekse noch warm, haben sie einen sehr erdnussigen, leckeren, klebrigen Kern. Ein Hammer!

Die Erdnussbutter mit Agavendicksaft und Orangensaft verkneten und kalt stellen. Das kann auch bereits am Vortag gemacht werden.
Die restlichen Zutaten miteinander verquirlen und zu einem glatten Teig verarbeiten. Ein Backblech mit Backpapier auslegen und den Ofen auf 180 Grad vorheizen.
Die Erdnussbutter aus dem Kühlschrank nehmen. Mit zwei Teelöffeln haselnussgroße Kügelchen formen. Diese nacheinander in den Rührteig tunken und auf das Backblech legen. Im Ofen 12 Minuten backen.
Die heißen Kekse ein paar Minuten auskühlen lassen und am besten noch warm genießen.

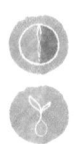

SCHOKO-MANDEL-KEKSE

**Ergibt 8 Kekse
von 10 cm Durchmesser**

120 g Dinkelmehl (Type 630)
30 g Kakaopulver
150 g gemahlene Mandeln
80 g Rohrohrzucker
100 g pflanzliche Margarine (Alsan)
50 g Zartbitterkuvertüre (Rapunzel)

Kekse sind wohl die einfachste Art, etwas süßes Selbstgemachtes mitzunehmen. Auf Reisen, ins Büro, zum Wandern, die beste Option des Veganers, wenn es nicht Studentenfutter sein soll.
Ich habe diese Kekse das erste Mal aus einem Mürbeteigrest gemacht. Der Kreativität sind da keine Grenzen gesetzt. Die Mürbeteigkekse halten sich am besten in einer Metalldose mit Deckel. Dosen aus Kunststoff sind nicht geeignet, da die Kekse darin zu feucht werden.

Den Backofen auf 170 Grad vorheizen. Alle Zutaten bis auf die Kuvertüre zu einem krümeligen Teig verkneten.
Die Kuvertüre grob hacken und locker in den Teig einarbeiten. Mit den Fingern kleine, nicht zu sehr zusammengepresste Kügelchen formen und auf ein mit Backpapier belegtes Blech legen. Mit dem Boden eines Trinkglases (am besten mit einer Art Muster) die Kekse leicht andrücken und damit flach drücken. Im Ofen 20 Minuten backen. Schmecken warm und kalt.

GINGER APPLE SNAPS

Für 2 Bleche, ergibt 18 Stück

75 g getrocknete Äpfel
50 g frischer Ingwer
120 g weiches Kokosfett
100 g Rohrohrzucker
120 g Dinkelmehl (Type 630)
100 ml Sojamilch Vanille
½ Päckchen Backpulver

Kekse backen hat einfach etwas Heimeliges, Herzerwärmendes. Sie sind praktisch und schnell gemacht und verströmen im Haus einen wunderbaren Duft, der besagt, dass alles in Ordnung ist, so wie es ist. »Soul Food« eben. Ein offenes, warmes Herz und das Vertrauen, dass nicht erst in der Zukunft alles gut wird, sondern dass es schon hier und jetzt gut ist.

Den Backofen auf 160 Grad vorheizen. Die Äpfel fein hacken. Den Ingwer schälen und grob hacken. Alle Zutaten mit dem Handrührgerät zu einem Teig vermengen. Den Teig auf Backpapier zu einer Wurst von etwa 6 cm Durchmesser und 25 cm Länge rollen und in das Backpapier eingewickelt 20 Minuten in den Tiefkühler legen.
Zwei Backbleche mit Backpapier auslegen. Die Teigrolle in etwa 2 cm dicke Scheiben schneiden und diese auf den Blechen verteilen. Im Ofen 20 Minuten backen. Vor dem Verzehr auskühlen lassen.

VANILLE-MANDEL-KEKSE

Ergibt 50 Stück

100 g pflanzliche Margarine (Alsan)
80 g Rohrohrzucker
1 Päckchen Bourbon-Vanillezucker
200 g Dinkelmehl (Type 630)
80 g geriebene Mandeln
½ Päckchen Backpulver

Kleine, an Amarettini erinnernde Knusperkekse. Der Teig kann auch ein bis zwei Stunden kalt gestellt werden, sodass er anzieht, aber nicht ganz fest wird. Anstatt kleiner runder Kekse können auch Vanillekipferl gerollt werden. Nach dem Erkalten mit Staubzucker bestäuben.

Die Margarine mit Zucker und Vanillezucker in der Küchenmaschine glatt rühren. Erst dann Mehl, Mandeln und Backpulver unterrühren, bis ein schön fester Teig entsteht. Abgedeckt 1–2 Stunden kalt stellen. Den Backofen auf 160 Grad vorheizen. Ein Blech mit Backpapier belegen. Aus dem Teig kleine Kugeln (1–2 cm Durchmesser) rollen und auf das Blech geben. Im Ofen 15 Minuten leicht braun backen. Bevor man die Kekse vom Blech nimmt, ganz auskühlen lassen, da sie sonst leicht brechen.

CHAI COOKIES

Ergibt 20 Stück

150 ml Sojamilch Vanille
2 EL Schwarztee
80 g Kokosfett
50 g Ingwer
120 g geriebene Mandeln
120 g Dinkelmehl (Type 630)
60 g Rohrohrzucker
40 g Rosinen
Mark von 1 Vanilleschote
½ TL Zimtpulver
1 Msp. gemahlener Piment
½ TL gemahlener Kardamom
½ Päckchen Backpulver

Meine Liebe und meine Dankbarkeit gegenüber Indien sind riesig. Indien hat mein Leben verändert, Ruhe in meine Gedanken gebracht. In einem Land, in dem Meditation zu den höchsten Gütern gehört, wurde der Masala Chai erfunden. Die Geschichte besagt, das Bodhidharma, der erste Patriarch, sich die Augenlider abgerissen und zur Seite geworfen habe, damit ihm die Augen beim Meditieren nicht mehr zufallen. Aus diesen Augenlidern ist die erste Teepflanze gewachsen. Um den Kopf wieder freizubekommen, tun es manchmal auch Chai Cookies, Indian Vibes in der Version zum Mitnehmen.

Die Sojamilch zum Kochen bringen und den Schwarztee darin 3 Minuten ziehen lassen. Durch ein Teesieb in eine Schüssel gießen. Das Kokosfett in die leicht ausgekühlte Milch geben. Den Ingwer schälen und hacken. Den Backofen auf 170 Grad vorheizen. Alle Zutaten zu einem glatten Teig vermengen. Ein Backblech mit Backpapier auslegen. Den Teig zwischen 2 Lagen Backpapier etwa 2 cm dick ausrollen (auf ca. 30 x 50 cm), in Quadrate von circa 8 x 8 cm einteilen und diese einritzen. Den Teig auf das Backblech geben und im Ofen 15 Minuten trocken und golden backen. Die Kekse lassen sich dann an den vorgeritzten Kanten gut brechen.

DINKELPLÄTZCHEN

Ergibt 25 Stück

40 g Rosinen
30 g Zartbitterkuvertüre
170 g pflanzliche Margarine (Alsan)
40 g Vollrohrzucker
200 g Dinkelflocken
120 g Mehl
½ Päckchen Backpulver

Diese Kekse sind spontan bei der Produktion der Bilder für dieses Buch entstanden. Oliver, der Fotograf und selbst gelernter Koch, hatte eines meiner Rezepte etwas abgeändert, statt Haferflocken nahm ich dann noch Dinkel, und schon hatten wir einen neuen, superknusprigen und auf der Zunge schmelzenden Keks. Toll, wenn sich Rezepte so weiterentwickeln können!

Rosinen und Kuvertüre hacken. Mit den restlichen Zutaten zu einem gleichmäßigen, krümeligen Teig verarbeiten.
Den Backofen auf 170 Grad vorheizen. Mit einem Eiskugelportionierer aus dem Teig Halbkugeln von etwa 3 cm Durchmesser abstechen und auf ein mit Backpapier belegtes Blech setzen. Im vorgeheizten Ofen 15 Minuten backen. Aus dem Ofen nehmen und die Kekse auf einem Kuchengitter auskühlen lassen.

VANILLEEIS

MIT KANDIERTEN MANDELN

Ergibt 1 Liter

400 ml Sojasahne (Cresoy)
200 ml Sojamilch Vanille
150 g Rohrohrzucker
Mark von 2 Vanilleschoten
1 TL Johannisbrotkernmehl
1 Msp. Guarkernmehl
250 g ganze Mandeln
70 g Rohrohrzucker
1 Prise Zimt

Die Eisherstellung geht viel schneller, wenn man die Eiszutaten über Nacht schon kalt stellt, die Eismaschine muss dann nur noch von 8 Grad auf minus 4 Grad kühlen, statt von 25 Grad. Das geht viel schneller und spart Energie. Auch die Schüssel, in der das Eis gelagert werden soll, lohnt sich schon vorher vorzufrieren. Damit das Eis nicht erst antaut.

Sahne, Sojamilch, 150 g Zucker, Vanillemark, Johannisbrotkernmehl und Guarkernmehl in eine Schüssel geben und mit dem Pürierstab 5 Minuten zu einer schaumigen Masse aufschlagen. Die Masse in der Eismaschine 1 Stunde gefrieren lassen (Gebrauchsanweisung beachten).
Nebenbei die Mandeln zusammen mit 70 g Zucker in einer beschichteten Pfanne bei mittlerer Hitze unter ständigem Rühren karamellisieren. Fängt der Zucker an zu schmelzen, die Hitze reduzieren und so lange rühren, bis die Nüsse ganz vom Karamell umhüllt sind. Die Mandeln mit einem Löffel auf einem Stück Backpapier ausbreiten und auskühlen lassen. Die kandierten Nüsse mit Zimt bestreuen und grob hacken.
Das Eis in eine verschließbare Schüssel füllen und dabei die gehackten Mandeln leicht einarbeiten. 3 Stunden in die Tiefkühltruhe geben.

SCHOKOLADENEIS

Ergibt 1 Liter

250 g Zartbitterkuvertüre (Rapunzel)
500 ml Sojamilch Vanille
200 ml Sojasahne (Cresoy)
40 g Rohrohrzucker
3 EL Kakaopulver
1 TL Johannisbrotkernmehl
1 Msp. Guarkernmehl

Es gibt da Tage, da hilft nichts außer Schokolade. Ich mag Eiscreme gerne an besonders heißen Tagen, auch wenn die chinesische Medizin sich gegen den eiskalten Genuss ausspricht. Um das Ganze etwas auszubalancieren, kann man ein wenig Ingwer oder Chili dazugeben.

200 g Schokolade über einem heißen Wasserbad schmelzen.
Die restlichen Zutaten mit einem Pürierstab zu einer schaumigen, feinen Masse schlagen. Die Bindemittel müssen vollständig aufgelöst sein.
Die geschmolzene Schokolade zugeben und weiter pürieren.
Die restlichen 50 g Schokolade grob hacken und untermischen.
Die Masse 1 Stunde in der Eismaschine gefrieren lassen (Gebrauchs-anweisung beachten). Das Eis in eine fest verschließbare Schüssel füllen und 3 Stunden tiefkühlen. Falls das Eis länger in der Tiefkühltruhe bleibt, muss man es vor dem Servieren etwas antauen lassen. Mit einem in heißem Wasser vorgewärmten Eisportionierer Kugeln abstechen.

HIMBEERSORBET

ZUCKERFREI

Ergibt 1 Liter

½ Bund Thymian
250 ml Agavendicksaft
1 gestrichener EL Johannisbrotkernmehl (Rapunzel)
1 Msp. Guarkernmehl
600 g gefrorene Himbeeren

Sorbet aus Tiefkühlobst ist »as easy as it gets« und geht ganz ohne Eismaschine. Johannisbrotkernmehl und Guarkernmehl machen das Eis cremiger und weicher, und gleichzeitig wird die Wasserkristallbildung erheblich reduziert.

Den Thymian waschen, trocken tupfen und die Blättchen abzupfen. Den Agavendicksaft mit Johannisbrotkernmehl und Guarkernmehl pürieren. Die Himbeeren dazugeben und noch einmal pürieren. Die Thymianblätter unterrühren und das Sorbet 1 Stunde in die Tiefkühltruhe geben. Mit einem in heißem Wasser vorgewärmten Eisportionierer Kugeln abstechen. Falls das Sorbet länger in der Tiefkühltruhe bleibt, 30 Minuten vor dem Verzehr antauen lassen.

BANANEN-ZITRONEN-EIS

SUMMER-FRESH!

Ergibt 1 Liter

3 Zitronen
4 Bananen
200 ml Sojasahne (Cresoy)
100 ml Sojamilch Vanille
150 g Rohrohrzucker
1 gestrichener EL Johannisbrotkernmehl
1 Msp. Guarkernmehl

Eine Freundin von mir nennt mich Bananenkind, weil ich Bananen einfach liebe … Und klar, muss es dann auch ein Bananeneis geben. Viel Zitrone macht es frisch, und die Bananen verfärben sich nicht. Vielleicht noch eine Kugel Schokoeis dazu – so good!

Die Zitronen auspressen. Die Bananen schälen, in Stücke schneiden und mit dem Zitronensaft und den restlichen Zutaten in einem hohen Gefäß fein pürieren. Die Masse 1 Stunde in der Eismaschine gefrieren lassen (Gebrauchsanweisung beachten). Das Eis in eine fest verschließbare Schüssel füllen und 3 Stunden tiefkühlen.

WALNUSS-VANILLE-EIS

ZUCKERFREI

Ergibt 1 Liter

250 g Walnüsse
400 ml Sojasahne (Cresoy)
200 ml Sojamilch Kalzium
(ohne Zucker)
50 ml heller Agavendicksaft
Mark von 2 Vanilleschoten
1 Msp. Zimtpulver
1 EL Johannisbrotkernmehl
½ TL Guarkernmehl

Außerdem:
200 ml Ahornsirup
1 TL Johannisbrotkernmehl

Als ich Kind war, gab es bei uns diese Wanne mit Vanille-Walnuss-Eis. Wenn mich keiner aufhielt, habe ich es einfach aus der Tiefkühltruhe geholt und aufgegessen. Damit nicht auffiel, wie viel ich gegessen habe, habe ich die leere Schale weit weggeschafft, um »die Beweise« zu vernichten. Natürlich wurde es dennoch bemerkt, aber es wurde nachsichtig mit mir umgegangen. Wohl auch aus der Erleichterung, dass »das Kind überhaupt was isst«. Auch wenn es mal 1 ½ Liter Eiscreme auf einmal waren.

Die Walnüsse im vorgeheizten Backofen bei 160 Grad oder in einer Pfanne zugedeckt bei mittlerer Hitze 10 Minuten leicht rösten. Abkühlen lassen.
Sojasahne, Sojamilch, Agavendicksaft, Vanillemark, Zimt, Johannisbrotkernmehl und Guarkernmehl mit dem Pürierstab zu einer schaumigen Masse pürieren. Die Masse 1 Stunde in der Eismaschine gefrieren lassen (Gebrauchsanweisung beachten).
Gleichzeitig den Ahornsirup mit 1 TL Johannisbrotkernmehl glatt rühren und binden. Im Kühlschrank kalt stellen.
Wenn das Eis halb gefroren ist, die Walnüsse mit in die Eismaschine geben und noch kurz einrühren.
Eine Kastenform von 30 cm Länge mit Backpapier auslegen. Das Eis löffelweise einfüllen und dabei immer wieder mit Ahornsirup begießen, sodass Schichten entstehen. Mit Frischhaltefolie fest verschließen und 3 Stunden tiefkühlen. Zum Servieren das Eis in Scheiben aufschneiden.

ZITRONEN-KOKOS-EIS

Ergibt 750 ml

330 ml Kokosmilch
250 ml Reismilch
175 g Rohrohrzucker
2 Zitronen
1 TL Johannisbrotkernmehl
1 Msp. Guarkernmehl
40 g Kokosflocken

Ja, es geht auch sojafrei, und das nicht nur mit Sorbets. Der Trick, Fett in das Eis zu bekommen, geschieht hier mit Kokosmilch. Sojafrei, nuss-frei und vieles mehr. Es gibt heute so viele diagnostizierte Unverträglich-keiten. Wir müssen bei der Ernährung auf so vieles achten, aufpassen und uns bewusst machen, dass wir aber dennoch nicht Genuss und Spaß vergessen.

Die Kokosmilch mit Reismilch und Zucker in einem Topf leicht auf-wärmen, bis das Fett ganz geschmolzen ist.
Währenddessen die Zitronenschale abreiben und die Zitronen aus-pressen. Kokosmilch, Zitronensaft und Bindemittel glatt pürieren. Zitronenschale und Kokosflocken dazugeben und alles 1 Stunde in der Eismaschine gefrieren lassen (Gebrauchsanweisung beachten). Das Eis in eine fest verschließbare Schüssel füllen und 3 Stunden tiefkühlen.

CHOCOLATE COOKIE DOUGH ICECREAM

Ergibt 1 Liter

Eis:
100 ml Reissirup
½ TL Johannisbrotkernmehl
400 ml Sojasahne (Cresoy)
200 ml Sojamilch Vanille
120 g Rohrohrzucker
Mark von 1 Vanilleschote
1 TL Johannisbrotkernmehl
1 Msp. Guarkernmehl

Schoko-Mandel-Kekse:
10 g Zartbitterkuvertüre (Rapunzel)
30 g Dinkelmehl (Type 630)
10 g Kakaopulver
40 g gemahlene Mandeln
10 g Rohrohrzucker
10 g pflanzliche Margarine (Alsan)

Eine der genialsten Nachtischideen aus Amerika. Roher Keksteig ist wohl das, was man als Kind am liebsten hatte. Die Schüssel ausschlecken, wenn wieder mal der Lieblingskuchen gebacken wurde ... Der rohe Teig schmeckte oft besser als der Kuchen. Vielleicht auch nur, weil es verboten war, ihn zu essen. In diesem Rezept wandert der rohe Keksteig einfach ab ins Eis. »Just do what you loved as a kid«, auch wenn Sie jetzt schon zu groß dafür sind.

Eis Den Reissirup mit dem Johannisbrotkernmehl glatt pürieren und anziehen lassen.
Sojasahne, Sojamilch, Zucker, Vanillemark, Johannisbrotkernmehl und Guarkernmehl in einem hohen Gefäß schaumig pürieren und 1 Stunde in der Eismaschine gefrieren lassen (Gebrauchsanweisung beachten).

Schoko-Mandel-Kekse Die Kuvertüre klein hacken und mit den restlichen Zutaten zu einem glatten, krümeligen Teig verkneten. Aus dem Teig kleine Kugeln (ca. ½ cm Durchmesser) formen und im Kühlschrank ruhen lassen, bis das Eis fertig ist.

Fertigstellen Eine Kastenform von 30 cm Länge mit Backpapier auslegen. Das Eis esslöffelweise einfüllen und ebenfalls esslöffelweise Reissirup und Kekskügelchen dazugeben. Sobald alle vorbereiteten Zutaten aufgebraucht sind, die Form mit Frischhaltefolie fest verschließen und das Eis 3 Stunden in die Tiefkühltruhe stellen.

REZEPTVERZEICHNIS

Die farbig markierten Rezepte sind gluten- und zuckerfrei.

FRÜHSTÜCK

MITTAGESSEN

ABENDESSEN

KUCHEN, KEKSE, EIS

REGISTER

NACH HAUPTZUTATEN

DANKE

Ich möchte mich mit diesem Buch bei Euch bedanken. Bei Dir, der Du es gerade in den Händen hältst.

Bei den Menschen, die auf mich zugegangen sind in all den Jahren und bei denen ich in der Küche stehe. Bei Euch, die Ihr mir Feedback gebt, mich immer wieder motiviert, herausfordert, anspornt, mir beisteht, mit verrückten Ideen auf mich zukommt, um sie zusammen zu verwirklichen. Bei jedem, der seine Komfortzone verlassen hat, um einen Beitrag zu leisten, die Welt zu einem schöneren Platz zu machen.

Bevor ich Bücher machte, habe ich siebzehn Jahre als Chefkoch gearbeitet, immer hinter den Kulissen der Restaurants; mit meinen Büchern bin ich nach vorne getreten und meinen Kunden näher gekommen. Viele sind seitdem auf mich zugekommen, mit Cateringanfragen, Kochkursen, Gesundheitsproblemen, Fragen der Gastroberatung, Produktentwicklung, Produktfeedback, Anfragen für Vorträge zu veganem Leben und veganer Lebensführung, Privatem, Geschäftlichem, Seelischem … Dafür möchte ich mich von tiefstem Herzen bedanken. Kontakt und Zusammenhalt sind unglaublich wertvoll für mich, danke.

Ein besonderer Dank gilt meiner Familie, meiner Mutter Sandeh und meiner Schwester Katja für ihre endlose Unterstützung und ihren Glauben an mich.
Dem tollen Team des AT Verlags, Monika Schmidhofer für ihre Klarheit, Adrian Pabst für seine schöne Gestaltung, Urs Hunziker für seinen Überblick und seine Ruhe, Michael Günther für seine Freundschaft und liebevolle Art, Sybille Schmid, die einfach bei allem sofort und so lieb am Start ist, Gina Ahrend für ihre tolle Pressearbeit und Unterstützung, Inga Wohltmann, die meine vielen E-Mails immer so schnell und produktiv beantwortet.

Ganz besonderer Dank gilt Oliver Brachat, der mit seinen wunderschönen Bildern meinem Essen die Seele einhaucht, die so schwer auf Papier zu drucken ist, ebenso seinem Team, Steffi Neff für ihren super Blick und Bettina, die mir immer alles vom Markt besorgt hat und einfach da war in den Momenten, in denen ich Unterstützung bei der Fotoproduktion brauchte.

Danke an alle Freunde und Handwerker, die mir beim Bau meiner Küche geholfen haben, um meinem Tun ein neues Umfeld zu geben. Günther ❤ Olaf ❤ Karl ❤ Andi ❤ – danke euch für eure Abenteuerlust, mit mir die Küche auf diese Art zu bauen.

Und mit Dir, Judi, habe ich überhaupt wieder die Freude und die Liebe gefunden und die Kraft weiterzumachen.

Ich bin gerührt und mit Dankbarkeit erfüllt. So viele Menschen, die teilhaben an diesem Projekt. Danke euch allen von Herzen.

AUTOR UND FOTOGRAF

Foto: Fanny Brachat

Surdham Göb ist seit langem selbst Veganer, auf die vegane Küche spezialisiert und kann auf bald dreißig Jahre Kocherfahrung zurückgreifen. Seine Stationen waren unter anderem San Francisco, New York und Hawaii; er war sechzehn Jahre Chefkoch in diversen veganen Restaurants, unter anderen im »Zerwirk Restaurant« und im »Tushita«, beide in München. Heute betreibt er in München seine eigene Catering-Firma »Surdhams Kitchen«, gibt vegane Kochkurse, hält Vorträge über vegane Ernährung und nachhaltige Lebensführung und berät Gastronomiebetriebe bei der Integration oder Umstellung auf vegane und biologische Speisen. Er lebt in der Nähe von München.
Seine ersten beiden Kochbücher, beides große Erfolge, sind im AT Verlag erschienen:

Meine vegane Küche   Vegane Superfoods

Oliver Brachat (BFF) arbeitet als erfolgreicher Still-Life-Fotograf mit eigenem Studio in Düsseldorf. Als gelernter Koch und Pâtissier, mit langjähriger Erfahrung in der internationalen Gastronomie, schafft er mit viel Kreativität, einem besonderen Auge für Details und seiner Liebe zu gutem Essen außergewöhnliche Food-Fotografien. Sie erscheinen regelmäßig in renommierten Zeitschriften und Kochbüchern und wurden vielfach mit Preisen ausgezeichnet.
www.oliverbrachat.com

Von Oliver Brachat im AT Verlag erschienen:

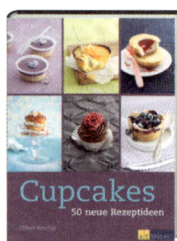

Cupcakes
50 neue Rezeptideen